改訂新版 リアルかわいい 羊毛フェルトのうさぎ

Chocolat Box
畑牧子

introduction

我が家にうさぎのマルシェがやってきたのは、12年前。
その姿をかわいらしく残したいと、
羊毛フェルトで「うちの子作品」を作り始めました。
おかげさまで、うさぎ好きの方たちから
オーダーをたくさんいただくようになり、
「うちの子を作りたい」という方々には、
教室で作り方をお教えするようになりました。
この本は、オーダー作品から人気のうさぎを
選んでまとめたものです。
羊毛フェルトは、
ふわふわ愛らしいうさぎをイメージ通りに再現できます。

毛の色も絵の具のように組み合わせられ、
手触りも優しくあたたかい。
うさぎを作るのにぴったりの素材です。

かわいがっている自分のうさぎを作れたら、
どんなにか癒され、楽しいでしょう。
「その子」を思いながら作った作品は、
たとえそっくりではなくても、
愛情がつまった、その子と暮らした大切な思い出となります。
抜け毛を混ぜて使うこともできるので、
形見として大切にされている方もたくさんいらっしゃいます。
小さな命を預かって、
一緒に暮らしていく幸せで愛おしい毎日を

contents

- 4 ミニロップ系ミックス（フロスティ）
- 5 ミニレッキス（ブロークンブラック）
- 6 ホーランドロップ（トータス）
- 7 ホーランドロップ（ブロークンオレンジ）
- 8 ライオンヘッド（アプリコット）
- 10 ホーランドロップ（リンクス）
- 12 フレミッシュジャイアント（フォーン）
- 13 アメリカンファジーロップ（ブロークントート）
- 14 ライオン系ミックス（フロスティ）
- 15 ネザーランドドワーフ（チェストナット）
- 16 ジャージーウーリー（オレンジ／セーブルポイント）
- 18 ホーランドロップ（リンクス）
- 19 ホーランドロップ（ブロークンブラック／ブロークンオレンジ）
- 20 ネザーランドドワーフ（ブルーシルバーマーチン）
- 21 ネザーランドドワーフ（オレンジ）
- 22 イングリッシュアンゴラ（ブルートート）
- 23 植毛ブローチ

- 24 うちの子スナップ

- 26 materials&tools
  そろえたい材料と道具
- 28 basic technique
  リアルうさぎのための基本テク
- 30 needle felt lesson1
  顔を作る［植毛ブローチ］
- 38 catalogue
  ブローチカタログ
- 40 needle felt lesson2
  全身を作る［お座りポーズ］

- 49〜79 how to make
  各作品の作り方

※掲載の作品タイトルは、うさぎの品種と（　）内はカラー名です。品種によってカラーの解釈が違う場合もあります。

ページをめくって覗いてみてください。
羊毛フェルトのうさぎたちがお迎えします。

うさぎは「飛躍」や「繁栄」、「安産」などを
つかさどるハッピーモチーフ。
この本が、うさぎやハンドメイドがお好きな方たちの
ハッピーにつながりますように。
これまでご協力いただいた、たくさんのうさぎさんや
そのオーナーさんたち、
今は亡き愛兎マルシェに感謝を込めて。

うさぎ羊毛フェルトChocolat Box（ショコラボックス）
畑　牧子

ミニロップ系
ミックス
(フロスティ)

model マルシェちゃん
how to make p.50

ミニレッキス

(ブロークンブラック)

model　よもぎちゃん
how to make　p.52

ホーランド
ロップ
（トータス）

model　チョコちゃん
how to make　p.54

ホーランドロップ
（ブロークンオレンジ）

model　ちぇりぃちゃん
how to make　p.56

ライオンヘッド
(アプリコット)

model うーたくん
how to make p.58

ホーランドロップ
（リンクス）

model　ユメちゃん
how to make　p.60

フレミッシュ
ジャイアント
（フォーン）

model　うさ子ちゃん
how to make　p.62

アメリカン
ファジーロップ
(ブロークントート)
model　ふぃぐちゃん
how to make　p.64

ライオン系ミックス
（フロスティ）

model　ココちゃん
how to make　p.66

ネザーランド
ドワーフ
(チェストナット)

model　はぐちゃん
how to make　p.68

ジャージーウーリー
（オレンジ／セーブルポイント）

model　オレンジ　リボンちゃん、
　　　　セーブルポイント　ビクトリアちゃん
how to make　p.70

※ジャージーウーリー（オレンジ）は参考作品です。

ホーランド
ロップ
(リンクス)

model コットンテイルちゃん
how to make p.72

ホーランドロップ
（ブロークンブラック／
ブロークンオレンジ）

model　ブロークンブラック　レオくん、
　　　　ブロークンオレンジ　かげとらくん
how to make　p.74

ネザーランド
ドワーフ
(ブルーシルバーマーチン)
model 紫苑くん
how to make p.76

ネザーランド
ドワーフ
(オレンジ)

model ピーターくん
how to make p.40

イングリッシュ
アンゴラ
(ブルートート)

model もこちゃん
how to make p.78

植毛ブローチ
how to make p.30、38

うちの子スナップ

本書の作品は、すべてモデルになったうさぎがいます。
なかには、すでに会えなくなってしまったうさちゃんもいますが、
羊毛で作ったうさぎに面影を感じてもらえるよう、
雰囲気や顔つきを似せて作っています。

コットンテイルちゃん

うーたくん

よもぎちゃん

うさ子ちゃん

ふぃぐちゃん

チョコちゃん

そろえたい材料と道具

材料

ベース用

アクレーヌ
羊毛に比べて早くまとまり、羊毛を刺しつけやすい。ベースを作るのに使用。

骨格ワイヤー
頭のジョイントに使う。ニッパーとペンチが必要。

骨格モール
足やボディ、しっぽの芯材に使う。

仕上げ用

植毛ストレート
毛並みを表現するときに使う植毛専用の羊毛。繊維がしなやかでそろいやすい。

ソリッド
メリノウール100％のスタンダードな羊毛。色数が豊富。

ナチュラルブレンド
英国羊毛とメリノウールのブレンドタイプ。短めの繊維と粗い風合いが特徴。

エクシードウールL
鼻や口のラインを表現するときに、よりをほどいて1本どりで使う。

目のパーツ

プラスチックアイ
黒目の周りが透き通ったクリアカラーになったアイパーツ。

グラスアイ
つぶらな黒目にしたいときにブラックを使用。

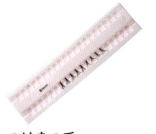

つけまつ毛
まつ毛をつけるときに使う。カットして使うので短めのものを。

ひげ用

テグス
2mmのテグスを使用。実際に抜け落ちたひげを使うことも。

アクレーヌでベースを作り、羊毛で仕上げるのが基本です。
ニードルは針先に「かえし」がついた羊毛フェルト専用のものを用意しましょう。

道具

フェルティング用ニードル

1本針
フェルティング専用のニードル。レギュラーと極細の2サイズがある。極細は刺し跡が目立たないので、仕上げ用におすすめ。
上：フェルティング用ハンドニードル（1本柄付きタイプ）／H441-017
下：フェルティング用ニードル極細／H441-023

2本針
ニードルホルダーに針を2本セットして使う。ベースをまとめるときなど時間短縮したいときに。
フェルディング用・ニードルホルダー／H441-032

3本針
広い面積を刺しつけるときや、仮どめするときに使う。
フェルティング用ハンドニードル（3本並列タイプ）／H441-013

フェルティング用マット
ニードルを使うときに敷く専用マット。安全に作業するためにも必須。マットに重ねて使う、マットカバー（右）もあると便利。
左：H441-015　右：H441-037

ハサミ
羊毛のカットに使うソーイング用のハサミ。毛先を整えるのにも使うので、刃先の細いものがおすすめ。

千枚通し
目をつけるときに使う。うさぎの目は顔の側面についているので、両目を貫通できる長さのものを。

チャコペン
顔のパーツを決める際のガイドに使う。時間が経つと消える水性タイプを。

ピンセット
まつ毛をつけるときに使う。

クラフトボンド
目をつけるときに使う。乾くと透明になる速乾タイプ。

コーム
毛流れを整えるときに使う。ペットのトリミング用がおすすめ。

デジタル秤
何種類かの羊毛を混ぜるときにあると便利。

basic technique リアルうさぎのための基本テク

羊毛の混ぜ方
本書では羊毛を混ぜてリアルな毛の色を作っていますが、実際のうさぎの毛を混ぜることもできます。

1 羊毛を用意する。今回はlesson2の植毛用のカラー（茶）を作ります。

2 羊毛を重ねる。分量の多い羊毛は、少ない分量の羊毛に合わせて分けて重ねる。

3 重ねた羊毛の両端を軽くつかむ。

4 力を入れずに引っぱる。

NG ギュッと力まかせに引っぱるとうまく分かれない。

5 二つに分けた羊毛を重ね、同様に繰り返す。

6 混ざり具合が偏ったら、その部分だけ繰り返す。

7 30回ほど繰り返したところ。

重ね植毛
おなかや足など、ボリュームをあまり出したくない部位に行う方法。2本針以上を使うので作業時間も短縮できます。

1 約3cmにカットした羊毛の上側だけを刺しつける。植毛する部位の下のほうからスタートする。

2 羊毛の上側だけを刺して固定したところ。2本針、または3本針で作業する。

3 次の羊毛を2で植毛した羊毛に少し重ねた位置に植毛する。

4 植毛する部位の下側を植毛し終えたら、その上に少し重なるように（2で刺した部分が隠れる位置）植毛する。

5 上下の位置を少しずらしながら植毛すると、自然なレイヤーになる。

あると便利　混色用の道具

ハンドカーダー 羊毛など繊維を混色する際に使う専用道具。2本で1セット。

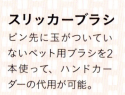
スリッカーブラシ ピン先に玉がついていないペット用ブラシを2本使って、ハンドカーダーの代用が可能。

よりリアルに見せるために、何種類かの羊毛を混ぜて実物の毛の色に近づけたり、
毛並みを作る2種類の植毛法を覚えましょう。

V字植毛

羊毛の中心を刺しつけ、両側の羊毛が立ち上がるように植毛するのがV字植毛。立体感のある毛並みになります。

1 羊毛を一房つまみとる。長さ16cmで幅2cm程度。

2 真ん中をカットし、さらに半分にカットする（約4cm）。これがV字植毛1回分の目安。

3 羊毛の真ん中のラインを3本針で刺しとめる。

4 1本針に持ち替えて、同じラインを深めに刺す。羊毛が立ち上がる。

5 羊毛の毛先を反対側に倒す。

6 倒した羊毛の根元を刺す。

7 今度は反対側に羊毛を倒す。

8 同様に倒した羊毛の根元を刺す。

9 3本針で毛流れを整える。コームで整える場合は毛が抜けないように指で押さえること。

10 3本針で羊毛をベースに押さえるようにして、羊毛を落ち着かせる。

11 余分な羊毛をカットする。ハサミの位置は動かさず、作品を動かし、縦にハサミを入れてカットすることでベースの丸みに沿ってカットできる。

12 植毛した羊毛をめくり、根元から1〜3mmあけて次の羊毛を植毛する。

13 次のV字植毛をするところ。左右どちらかに5mmほどずらして刺しつける。

14 植毛し終えて、次の植毛をするところ。

needle felt lesson 1
顔を作る ［植毛ブローチ］

ホーランドロップ〈ブロークンオレンジ〉
[size] 縦6.5×横7×厚さ3.5cm
（金具含まず）

材料

[羊毛等]
- ベース ……………… アクレーヌ（101）4g
- 植毛（白）………… 植毛ストレート（551）3g
- 植毛（模様）……… ナチュラルブレンド（803）2g、植毛ストレート（553）1g、ソリッド（30）0.5gの3色を混色したもの
- 耳（ベース）……… アクレーヌ（114）1g
- 耳（外側）………… 植毛（模様）用の羊毛にソリッド（30）を多めに混色したもの
- 耳（内側）………… ソリッド（1）0.5g
- 鼻と口元 ………… アクレーヌ（114）少量、フェルケット ソリッド（304）1cm角、ソリッド（1）少量、植毛ストレート（551）少量
- アイライン（黒）…… アクレーヌ（112）少量
- アイライン（ピンク）… アクレーヌ（111）と（114）を同量で混色したもの少量

[毛糸]
- 鼻と口のライン ……… エクシードウールL（336）少量

[その他]
グラスアイ（ブラック・8mm）2個、ブローチピン、シートフェルト（厚地）

作り方

1　ベースを作る

point ふんわり巻かず、ギュッと空気が入らないよう指で押さえながら刺しましょう。

1　ベース用のアクレーヌ2.5gを端から巻きながら刺し固める。

2　型紙に合わせながら、形を整える。横から針を刺す。

3　形を整えたところ。厚みは約1.5cm程度。

4　ほおにアクレーヌを足して刺し固め、ふっくらさせる。

5　両ほおにアクレーヌを足したところ。

6　鼻にアクレーヌを足して刺し固める。

point 固さの目安は低反発まくら程度に。

7　ベースができたところ。

8　横から見たところ。裏側は平らに整える。

うさぎの顔を作るのに必要な共通のテクニックを、人気の高いホーランドロップで紹介します。
まずは、ここでリアルにするコツをマスターしましょう。

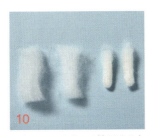

9 アクレーヌ0.5gでボディを作る。上側は刺し固めず、ふわふわのまま残す。

10 アクレーヌ0.5gで前足を2本作る。上側は刺し固めず、ふわふわのまま残す。

11 頭の裏側でボディをつける。ボディのふわふわの部分を重ね、刺し固める。

12 厚地のシートフェルトを11の形に合わせて切り出す。

2 目をつける

point うさぎの目は顔の横にあるので、横から千枚通しを貫通させます。

point あとで目の位置を調整できるよう、仮どめ程度に。

point 両目と鼻が三角形を描くようにしましょう。

1 目の位置を刺して少しくぼませる。

2 千枚通しで両目の位置に穴を開ける。

3 グラスアイの足にボンドを少しつけ、穴に刺す。

4 チャコペンで鼻から口のラインを描く。

ベース型紙

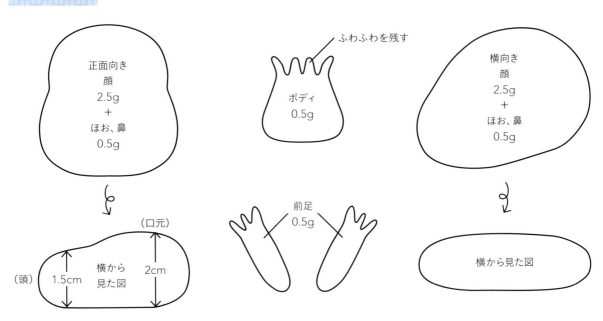

3 耳をつける

1
アクレーヌ(114)をシート状に刺し固め、耳の形に2枚切り出す。

2
耳(外側)用に混色した茶色を重ね、軽く刺し固める。

3
2を裏返し、ピンクの上にソリッド(1)を重ね、刺し固める。

point うっすらピンクが透ける程度に。好みで白の量を調節しましょう。
4
耳の付け根のふわふわが残るよう、軽く刺しつける。

point このとき、強く圧をかけて耳を挟みましょう。
5
耳の側面を刺し固める。耳のラインと平行に針を動かす。針で指を刺さないよう注意。
※写真では専用の指サックをつけています。

check!
耳の付け根以外の側面を1周、刺し固める。

6
耳を刺し固めたところ。耳の付け根は刺し固めずにふわふわのまま残す。

7
耳を縦半分に折り、軽く刺しとめて立体的にする。

8
耳の内側を整えるように刺す。

9
耳を頭に刺しつける。ホーランドロップの場合、耳は目の延長線上につける。

10
耳をつけたところ。ふわふわは刺し固めなくてもよい。

arrange
頭の上で直立する耳のタイプは外側が背中合わせ気味になるように刺しつける。

4 鼻をつける

point この工程をしておくと、植毛後にうっすらピンクが透けて見えます。

アクレーヌ(114)を少量とり、鼻から口にかけて刺しつけ、ピンクにする。

植毛ストレート(551)をひとつまみとり、ハサミで真ん中をカットして重ねる。ハサミでカットして重ねるのを繰り返し、2cm幅程度の束にする。

2の中央を鼻の下のラインに3本針で仮どめする。

1本針に持ち替えて、鼻の下のライン上を深めに刺す。中央のラインを深めに刺すことで羊毛が立ち上がる。

立ち上がった羊毛を半分程度の長さにカットする。

カットしたところ。

フェルケット(304)を1cm角に切り出し、三角形になるよう刺し固める。

ソリッド(1)で7を包み、軽く刺し固める。

point 鼻のピンクの透け感は、ソリッド(1)の分量で好みの程度に調整しましょう。

鼻のできあがり。

鼻を刺しとめる。

鼻周りの羊毛をカットする。鼻の中心が短く、周りが長めになるようにハサミで整える。

カットしたところ。

5 植毛する

1 ブロークンの場合、チャコペンで模様をつける箇所を下描きする。また、数字の順番で植毛をしていく。

2 植毛（模様）の羊毛をハサミで2cm角程度にカットする。これが、短毛種の鼻周りの植毛1回分の分量。

3 鼻の上からV字植毛をする。鼻のカットした羊毛（4の12）と隙間が空かないように、植毛する。2の真ん中のラインを3本針で刺しとめる。

4 1本針に持ち替えて、同じラインを深めに刺す。

5 羊毛の毛先を反対側に倒し、根元を刺す。

6 さらに反対に戻し、根元を刺す。これでV字状に羊毛が立ち上がる。

point 指でしっかり押さえないと、羊毛が抜けてしまうので注意して。

7 羊毛を上に向けたまま、指で押さえてコームで毛流れを整える。

8 余分な羊毛をカットする。

point ハサミの刃先を使って少しずつカットしましょう。

9 模様の下描きに沿って羊毛をカットし、丸く整える。

10 植毛を進める。植毛ストレート（551）を植毛用のサイズで用意し、1〜3mmほど空けた位置に刺しとめる。

11 4〜9と同様に植毛する。

12 5〜6回繰り返し、頭頂部まで植毛する。

13 両ほおに植毛する。約4cmを植毛1回分の分量とし、片ほおずつ鼻から脇の方向へ植毛をする。

14 両ほおに植毛したところ。

15 耳の付け根など隙間部分を植毛する。

16 植毛したところ。

17 あごのあたりも植毛する。

18 植毛用の羊毛を少量二つ折りし、わの部分を上にして口元に刺しつける。

19 あごの植毛と下くちびるができる。

20 19で刺したあごの余分な羊毛はカットせず、ほおの毛並みにそろえて横に流す。

21 顔全体の植毛ができたところ。

22 小さな模様を入れる場合、羊毛を少量ずつ刺し入れるようにして、V字植毛する。

23 毛流れを整えてから余分をカットする。

24 模様を数カ所、入れたところ。目のバランスを確認し、グラスアイにボンドをつけ直して、固定する。

6 アイラインと鼻から口のラインを入れる

1 目の周りを1本針で刺し、目をくぼませて彫りを深くする。

2 アイラインを入れる目頭と目尻の角度にチャコペンで印をつける。鼻のライン上に印がくるようにする。

3 アクレーヌ（112）をつまみとり、ねじって細くする。

4 チャコペンで引いたラインに沿って、目頭から1周、ライン状に刺しつける。

5 目尻まで刺したところ。目尻のアイラインを刺したら、いったんカット。残りの半周（目尻から目頭まで）を刺しつける。

6 アクレーヌ（111）と（114）を同量ずつ混色する。黒のアイラインの周りにピンクのラインを同様に刺す。

7 エクシードウールのよりをほぐし、そこから1本抜き取る。

point スタートの位置を針で刺しとめたら、ラインに沿ってエクシードウールを軽く引っぱり、たるまないようにして、針先で軽く刺すのがコツです。

8 鼻から口のラインを1本どりのエクシードウールで刺しつける。先端を少し折り、よってから刺し始める。まず、鼻の下をV字に刺す。

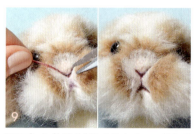

9 Vのゴール位置を刺しとめたら、ハサミで余分をカットする。さらにYの字状に刺し、口を逆Vの字に刺す。

arrange まつ毛をつける

部分用つけまつ毛を適度な長さにカットし、ボンドでピンクのラインの上につける。

10 コームで顔の毛並みを整え、できあがりの顔のラインをイメージしながらハサミの先で羊毛をカットする。顔のできあがり。

7 前足をつける

1 ボディに植毛ストレート(551)を刺しつける。

2 前足に植毛ストレート(551)を刺しつける。

3 前足ができたところ。

arrange 白以外の色の足の場合

色の羊毛を刺しつける。片面(表側)を刺したら、足先は裏側も包むように刺しつける。

裏側は植毛ストレート(551)を刺しつける。

左が表側、右は裏側。

4 前足を顔とボディの間に刺しつける。

5 切り出したフェルトをボンドで貼り、ブローチ金具を多用途接着剤で貼る。

6 できあがり。

memo
本物のうさぎの毛を使う場合

羊毛に実際のうさぎの毛を少量混ぜて使うこともできます。その場合は、以下の手順で洗ってから使いましょう。

1 不織布でできた目の細かい使い捨ての袋(三角コーナーの袋など)にうさぎの抜け毛を入れる。
2 シャンプー液(500mlの水に小さじ1程度の濃度)で1分ほど袋の上から押し洗いをする。
3 水ですすぎ、小鍋にお湯を沸かし、袋のまま1〜2分煮沸消毒する。専用の小鍋を用意し、料理と共用はしないこと。
4 お湯を捨ててリンスを入れた水(500mlの水に小さじ1程度の濃度)に入れ替え、すすぐ。
5 真水で再度すすぎ、絞る。袋の中で毛を軽くほぐし、袋に入れたまま干し、しっかり乾かす。

ブローチカタログ
catalogue

ダッチ（チョコレート）
ソリッド (31)
植毛ストレート (551)

point 植毛前にチャコペンなどで色分けの印をつけ、白から植毛する。

フレンチロップ（ブルー）
ソリッド (55)

ソリッド (55)：ソリッド (54) を3：1の割合で混ぜたもの

ドワーフホト
ソリッド (1)
ソリッド (9)

ネザーランドドワーフ（スモークパールマーチン）
ソリッド (55)：ソリッド (9)：植毛ストレート (556) を同量ずつ混ぜたもの

ソリッド (55)：植毛ストレート (555)：ソリッド (30)：ナチュラルブレンド (803) を2：2：2：1の割合で混ぜたもの

ソリッド (55)：植毛ストレート (555)：ソリッド (30)：ナチュラルブレンド (803) を2：2：2：1の割合で混ぜたもの

ネザーランドドワーフ（フォーン）
ナチュラルブレンド (807)：植毛ストレート (553)：ソリッド (30) を3：2：1の割合で混ぜたもの

ナチュラルブレンド (802)：植毛ストレート (553)：ソリッド (30) を3：2：1の割合で混ぜたもの

植毛ストレート (551)

ジャージーウーリー（ポインテッドホワイトブルー）
植毛ストレート (551)

ソリッド (30)：ソリッド (9) を2：1の割合で混ぜたもの

市販の赤いグラスアイ

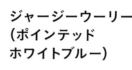

ネザーランドドワーフ（ブラックオター）
植毛ストレート (556)：ソリッド (9) を1：1の割合で混ぜたもの

植毛ストレート (551)

ライオンヘッド（スクワレル）
植毛ストレート (551)：植毛ストレート (555)：ソリッド (30) を2：2：1の割合で混ぜたもの

ソリッド (30)：植毛ストレート (551)：植毛ストレート (555) を3：1：1の割合で混ぜたもの

point 顔の周りはたてがみのように長めの羊毛で植毛する。

使用羊毛は植毛に使った主なものを紹介していますので、参考にしてください。
目、鼻、アイラインなどlesson1と同じものは省略しています。

イングリッシュアンゴラ（フォーン）

- 植毛ストレート（551）：植毛ストレート（552）：植毛ストレート（555）を4：2：1の割合で混ぜたもの A
- Aにナチュラルブレンド（807）を少量混ぜたもの

point 目の周りの羊毛はボリュームを出さずに植毛し、グラスアイが見えるようにする。耳には飾り毛も植毛する。

ジャージーウーリー（ルビーアイドホワイト）

- 市販の赤いグラスアイ
- 植毛ストレート（551）

ホーランドロップ（ブロークンブラック）

- ソリッド（9）：ソリッド（55）を同量ずつ混ぜたもの
- ソリッド（9）
- 植毛ストレート（551）

point 植毛前にチャコペンなどで色分けの印をつけておく。目の周りと鼻の上のブロークン模様は、白で植毛したあと挿し入れるように植毛する。

ジャージーウーリー（ブロークンブルー）

- ソリッド（9）：植毛ストレート（555）：ソリッド（30）を2：1：1の割合で混ぜたもの
- 植毛ストレート（551）

point 植毛前にチャコペンなどで色分けの印をつけておく。目の周りと鼻の上のブロークン模様は、白で植毛したあと挿し入れるように植毛する。

アメリカンファジーロップ（オレンジ）

- ナチュラルブレンド（803）：植毛ストレート（553）：ソリッド（30）を3：2：1の割合で混ぜたもの A
- Aにソリッド（55）とソリッド（9）を少量混ぜたもの
- ナチュラルブレンド（804）
- 植毛ストレート（551）

チンチラ

- ナチュラルブレンド（806）：植毛ストレート（555）を2：1の割合で混ぜたもの
- 植毛ストレート（551）

point 鼻の周りは植毛ストレート（551）を少しずつ混ぜ、グラデーションになるように植毛する。

ホーランドロップ（チェストナット）

- ソリッド（41）：植毛ストレート（553）：植毛ストレート（556）：ソリッド（55）を3：3：1：1の割合で混ぜたもの A
- Aに植毛ストレート（556）を少量混ぜたもの
- 植毛ストレート（551）

point 鼻の周りは、植毛ストレート（551）の白や（556）の黒を少しずつ混ぜてグラデーションになるように植毛する。

needle felt lesson2 　全身を作る ［お座りポーズ］

ネザーランドドワーフ〈オレンジ〉p.21
[size] 高さ16.5cm

材料

[羊毛等]

ベース	アクレーヌ(109) 約42g
植毛(白)	植毛ストレート(551) 4g
植毛(茶)	ナチュラルブレンド(803)12gと植毛ストレート(553)6g、ソリッド(30)3gの3色を混色したもの
耳(ベース)	アクレーヌ(114) 1g
耳(外側)	植毛(茶)用の3色を混色した茶色0.5g
耳(内側)	ソリッド(1) 0.5g
鼻と口元	アクレーヌ(114)少量、フェルケット ソリッド(304)1cm角、ソリッド(1)少量、植毛ストレート(551)少量、ナチュラルブレンド(805)少量
アイライン(黒)	アクレーヌ(112)少量
アイライン(ピンク)	アクレーヌ(111)と(114)を同量で混色したもの少量
おなか、足裏	ソリッド(1) 5g

[毛糸]

鼻と口のライン	エクシードウールL(336)

[その他]
骨格ワイヤー6cm、骨格モール4本、グラスアイ(8mm)2個、テグス(2mm)50cm、部分用つけまつ毛

作り方

1 頭のベースを作る

1　ベース用のアクレーヌを5g(2g、2g、1g)用意する。骨格ワイヤー6cmは1cm分をペンチで丸める。

2　アクレーヌ2g分を端から巻きながら刺し固める。少し固めたら、骨格ワイヤーを差し入れる。

3　巻きながら刺し固めているところ。ワイヤーに当たると針が折れやすいので、注意しながらゆっくりと刺す。

4　2gを刺し固めたところ。

5　アクレーヌ2gを4に巻きつけながら刺し固める。

6　卵形を意識しながら刺し固める。写真では左が鼻、右が後頭部。

ここでは、骨格ワイヤーや骨格モールを使ってポーズを整え、全身のうさぎを作ります。
肉付きのバランスをとるのは難しいので、初心者の方は香箱座りのポーズから作るのがおすすめです。

7 1gの半分の0.5gを鼻から頭にかけて足し、刺し固める。

8 残りの0.5gを半分にし、片ほおずつ足してふっくらさせる。

9 頭のベースができたところ。目の位置は軽く刺して、少しくぼませておく。

2 ボディのベースを作る

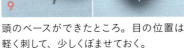

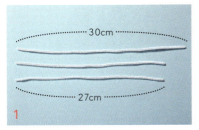

1 骨格モールをボディ（胴）用に30cmを1本、前足用、後ろ足用に27cmを各1本用意する。

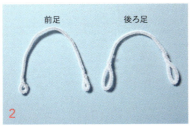

2 前足用は端からそれぞれ3cmの位置で90度に折り、折り位置で先端を1cm分クロスしてねじる。後ろ足用は端からそれぞれ4cmの位置で折り、1cm分ねじる。

3 ベース用のアクレーヌ0.5gを**2**で輪にしたところに巻きつけながら、刺し固める。先の部分も忘れずにアクレーヌで覆い、刺し固める。

4 前足用と後ろ足用にそれぞれ巻きつけたところ。後ろ足用はアクレーヌを刺していない部分を直角に立ち上げる。

5 ボディ（胴）用の中心にベース用のアクレーヌ5gを巻きつけて刺し固める。中心に約10cm長さになるように刺し固めたところ。

6 前足用の中心にベース用のアクレーヌ6gを巻きつけて刺し固める。

7 巻きつけて、前足のベースができたところ。

8 後ろ足用の中心にベース用のアクレーヌ6gを巻きつけて刺し固める。巻きつけて、後ろ足のベースができたところ（右）。

9 ボディ（胴）用のモールを前足の中心に巻きつけてつなぐ。

10
反対側のボディ（胴）用のモールは、後ろ足の中心に巻きつけてつなぐ。

11
パーツをつないだところ。

12
つなぎめに両サイドから圧をかけながら、つなぎめ部分を刺し固める。

13
後ろ足のつなぎめも同様に、圧をかけながら刺し固める。

14
首に1〜2cmふわふわを残す

ベース用のアクレーヌを5g、背中からおなか、胸にかけて足し、刺し固める。首の部分は1〜2cmほどふわふわ部分を残しておく。

15
背中から胸にかけて肉付けしたところ。

16
ベース用のアクレーヌを4g、胸からおなかに足す。首の下から重ねる。

17
おなか部分はアクレーヌを折り重ねるようにして厚みを出す。さらにアクレーヌを4g足して刺し固める。

18
胸からおなかにかけて肉付けしたところ。

19
後ろ足の太もも部分に、ベース用のアクレーヌを片側1.5gずつ足し、刺し固める。

20
前足にベース用のアクレーヌを片側0.5gずつ足し、刺し固める。

21
前足と後ろ足を肉付けしたところ。

お座りポーズ

3-[3]

2-[21]

正面

後ろ

[実物大]

立っちのポーズ

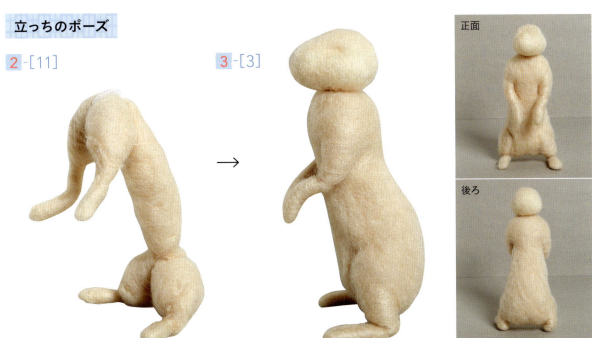

2-[11]　→　3-[3]

正面

後ろ

3 顔を作る

1 ボディのベース、首部分に直角に千枚通しで深めに穴を開ける。

2 頭の骨格ワイヤーにボンドを少量つけ、穴に刺す。首に残っているふわふわ部分でつなぎめを刺し固める。

3 首を1周刺しつける。ふわふわ部分の量が多ければ少しカットして調整を。

4 千枚通しで両目の位置に穴をあけ、グラスアイをつける。チャコペンで鼻から口のラインを描く（p.31 2 目をつける参照）。

5 耳を作って、頭の上に刺しつける（p.32 3 耳をつける参照）。頭の上に直立し、外側を背中合わせ気味につける。

6 鼻から口周りをアクレーヌ（114）でピンクにし、植毛ストレート（551）をV字植毛してから、鼻を作って刺しつける（p.33 4 鼻をつける参照）。

4 頭を植毛する

1 植毛（白）の羊毛で鼻の上にV字植毛をする（p.34 5 植毛する参照）。鼻周りを均等に白で植毛したところ。

2 植毛（茶）とナチュラルブレンド（805）、ソリッド（1）を同量ずつ混ぜて薄茶を作り、鼻の上に1回V字植毛する。その後、植毛（茶）の羊毛で頭頂部まで植毛をする。

3 頭頂部まで植毛したら、目の周りを植毛（白）で、両サイドを植毛（茶）で植毛する。鼻から耳の付け根の方向に植毛する。

4 両サイドを植毛したら、ほおや首、あごも植毛（白）で植毛する（p.35 5 植毛する18〜20参照）。

5 植毛を終えたら、アイライン用のアクレーヌでアイラインを入れ、まつ毛をつける。（p.36 6 アイラインを入れる参照）。

6 エクシードウール1本どりで鼻と口のラインを入れる（p.36 6 アイラインを入れる8〜10参照）。顔のできあがり。

5　ボディを植毛する

1
植毛（茶）の羊毛を2cm角ぐらいにカットする。

2
足先から植毛する。足先に茶色をのせ、毛束の上端から5mm幅を刺しつける。

3
刺しつけた箇所に1cmほど重なるように茶色をのせ、重ね植毛の要領で(p.28)刺しつける。

4
植毛を終えたら、コームでといて毛流れを落ち着かせる。

5
足先の羊毛を三角にカットする。

6
足の裏側にソリッド（1）を刺しつける。

7
胸を植毛する。植毛（茶）の羊毛約4cmを植毛1回分として、首の下からV字植毛をする。

8
茶色から薄くグラデーションになるように、植毛（茶）と植毛（白）を混色して胸を植毛する。

9
頭の上から背中にかけてV字植毛をする。

10
ボディの脇側を、首からお尻にかけてV字植毛する。

11
胸の下を植毛（白）で植毛する。

12
毛流れを整えて、余分をカットする。

point 密度の高いソリッドを使うと透けにくい。植毛（白）を使ってもOK。

13 ソリッド（1）を7cm幅で用意し、おなかにのせて刺しつける。

point 立っちのポーズなどおなかが見える場合は植毛します。ボリュームを出したいときはV字植毛、抑えたいときは重ね植毛を。

14 おなかを刺しつけたところ。

15 コームで毛流れを整え、余分な羊毛をカットする。

6 しっぽをつける

1 骨格モールを10cm分用意し、5cm分で輪にしてねじる。

2 ベース用のアクレーヌ0.5gを輪の部分に巻きつけて刺し固め、植毛（茶）を表側に刺しつける。

3 植毛（白）をしっぽの裏側にV字植毛する。三角になるように整え、余分をカットする。

4 背中のラインの中心にしっぽを刺しつける。

5 モールが見えないよう、アクレーヌをのせて刺しつけ、モールを固定する。

6 植毛（白）を刺しつけてなじませる。

3 ひげをつける

1 テグスを5cm×10本カットし、先端にほんの少しボンドをつけ、片ほおに5本ランダムに刺し込む。
※写真はわかりやすいように黒いテグスを使用しています。

2 テグスの巻きグセがきつい場合は、熱湯に少しつけてのばす。

point 抜け落ちたうさぎのひげが手に入れば、よりリアルになります。

3 両ほおにつけたら、バランスを見ながらカットする。

できあがり

ひげは手に入れやすいテグスを使用していますが、p.21の写真では、本物のうさぎのひげを使っています。抜け落ちたひげを利用して、テグスと同様にボンドでつけることができます。

約16.5cm

約16cm

香箱座り

足やしっぽを作ったり、肉付けしたりする作業がないので、ベース作りが比較的簡単です。

1 ベース用のアクレーヌを丸めながら刺し固め、俵形にし、底は平らに整える。頭をつける位置はふわふわのまま残しておく。ボディのベースができたところ。

2 アクレーヌで作った頭のベースをボディのベースとつなぐ。首が長くならないよう、指で挟んで圧を加えながら刺しつける。

3 目をつけ、耳を作って頭に刺しつける。

4 植毛用の羊毛で顔を植毛する。顔ができたところ。底面も仕上げたい場合は、ソリッド（1）を刺しつける。

5 植毛用の羊毛でボディを重ね植毛する。ベースの底側が隠れる位置に長さ3cmほどにカットした羊毛をのせ、上側だけ刺しつける。

6 1段めを植毛したところ。

7 2段めを植毛する。1段めが半分隠れる位置で重ね植毛する。

8 2段めを植毛したところ。

9 背中の部分を首からお尻にかけてV字植毛する。2段めの植毛に重なる程度の長さになるようカットし、中心を刺しつける。

10 背中の中心（9で刺しつけた位置）を覆うように、首からお尻にかけて縦のラインでV字植毛をする。

11 毛流れを整える。1本針を使うと細かく整えられる。

12 できあがり。

how to make

各作品の作り方

本書に掲載しているうさぎたちの材料と作り方を紹介します。
基本的な手順は、lessonページ（p.30~48）を参考にしてください。

●羊毛の分量やサイズは目安です。羊毛の分量はベースの大きさや植毛の長さや密度によっても変わってきます。また、分量が載っていない羊毛は、すべて0.5g以下（少量）です。
●羊毛を混ぜて使う場合の割合は目安です。比率を参考にしながら好みの色に調整してください。
●植毛すると、サイズは1回りから2回りほど大きくなります。記載のサイズは植毛後のできあがり寸法なので、ベースを作るときは仕上がりのイメージよりも小さく作るようにしましょう。ベースのアクレーヌ量を掲載していますので、参考にしてください。
●本書ではアクレーヌでベースを作っていますが、ニードルわたわたや化繊綿などで代用できます。ただし、その場合も表面だけはアクレーヌを刺しつけて覆っておくと植毛しやすく、コームでとく際も羊毛が抜けづらくなります。
●全身の作品は羊毛のニードルワークに慣れている方でも30時間以上かかります。初心者の方は、5時間程度で作れる植毛ブローチから始めるようにしてください。
●材料は、つけまつ毛とテグス以外はすべてハマナカ株式会社の製品（2019年現在）を使用しています。

11 ミニロップ系ミックス（フロスティ）... p.4

「おいしいおやつ、くれるのかな？」。立っちで身を乗り出して待っているポーズです。

材料

[羊毛等]
- ベース ………………… アクレーヌ (101) 約50g
- 植毛（白）……………… 植毛ストレート (551) 約20g
- 植毛（グレーベージュ）… ナチュラルブレンド (805) 4g、ナチュラルブレンド (803) 2g、植毛ストレート (551) 2g、ソリッド (30) 2g
- 植毛（濃グレー）……… 植毛（グレーベージュ）と同じ、植毛ストレート (555) 2g
- 耳（ベース）…………… アクレーヌ (114) 1g
- 耳（外側）……………… 植毛（グレーベージュ）と同じ、ナチュラルブレンド (806)
- 耳（内側）……………… ソリッド (1)
- 鼻と口元 ……………… アクレーヌ (114)、植毛ストレート (551)、フェルケットソリッド (304) 1cm角、ソリッド (1)、ナチュラルブレンド (805)
- アイライン（黒）……… アクレーヌ (112)
- アイライン（ピンク）…… アクレーヌ (111) と (114) を同量で混色したもの
- おなか、足裏 ………… ソリッド (1) 5g

[毛糸]
- 鼻と口のライン………… エクシードウールL (336)

[その他]
骨格ワイヤー6cm、骨格モール4本、プラスチックアイ（クリスタルブラウン・9mm）2個、テグス（2mm）約50cm、部分用つけまつ毛

作り方
レッスン2を参考に少し大きめに作る。

① 頭のベースを作る ... p.40
p.40を参考に、骨格ワイヤーとベースのアクレーヌ9gで作る。

② ボディのベースを作る ... p.41
p.41を参考に骨格モールとアクレーヌ40gで作る。肉付けはp.43の立っちのポーズを参考にする。

③ 頭とボディをつなぎ、顔を作る ... p.31～33
頭とボディをつなぐ(p.44)。グラスアイで目をつけ、耳を作って頭に刺しつける。鼻を作り、鼻の下の植毛の後に刺しつける。 使用羊毛参照

④ 顔を植毛する ... p.34～36
植毛用の羊毛で顔を植毛する。アイラインを入れ、まつ毛をつける。鼻と口のラインを入れる。 使用羊毛参照

⑤ ボディを植毛する ... p.45～46
植毛用の羊毛でボディを植毛する。おなかと足裏はソリッド (1) で植毛する。 使用羊毛参照

⑥ しっぽをつける ... p.46
p.46を参考に、骨格モールとアクレーヌ1gでベースを作り、植毛してからボディにつける。 使用羊毛参照

⑦ ひげをつける ... p.46
テグスを片ほおに5本ずつつける。

⑧ 毛並みを整える
コームでといて毛並みを整え、余分な毛はカットする。

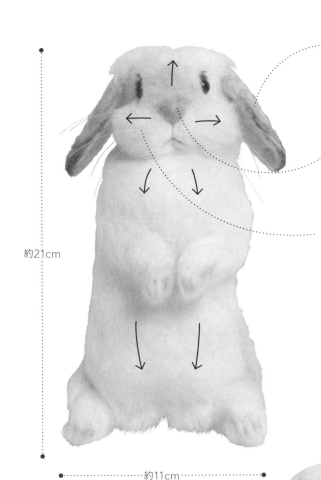

❸ 耳（外側）

使用羊毛 植毛（グレーベージュ）を耳の付け根側に刺し、耳先に向かってグラデーションになるようにナチュラルブレンド（806）を混ぜながら刺しつける。

❸ 顔・鼻

使用羊毛 アクレーヌ（114）を鼻から口にかけて刺しつけ、植毛ストレート（551）を植毛する。フェルケット（304）を三角に刺し固め、ソリッド（1）、ナチュラルブレンド（805）で覆って刺し固める。

❹ 顔

使用羊毛 ①を全体に植毛し、②を鼻の上から目の間まで植毛する。鼻から上へ薄くグラデーションになるようにする。

①植毛（白）の羊毛
②植毛（グレーベージュ）の羊毛は、ナチュラルブレンド（805）、（803）、植毛ストレート（551）、ソリッド（30）を2:1:1:1で混ぜる。

約21cm
約11cm

❺ ボディ

使用羊毛 おなか以外は①を全体にV字植毛する。背中からお尻にかけて②から③へ濃いグラデーションになるようにする。

①植毛（白）の羊毛
②顔と同じ植毛（グレーベージュ）の羊毛
③植毛（濃グレー）は、②に植毛ストレート（555）を少しずつ足して混ぜる。

❻ しっぽ

使用羊毛 表側はボディと同じ植毛（濃いグレー）で、裏側は植毛（白）で植毛する。

❺ ボディ・おなか

使用羊毛 ソリッド（1）で重ね植毛する。

約13cm

ミニレッキス（ブロークンブラック）… p.5

ベルベットのような美しい毛並みを再現するには、密度の高い植毛とていねいなカットがカギ。
張りの出る植毛ストレートとなめらかなソリッドを混ぜるのもポイントです。

材料

[羊毛等]
ベース ……………………… アクレーヌ (101) 約42g
植毛（白） ………………… 植毛ストレート (551) 約50g、ソリッド (1) 約50g
植毛（黒） ………………… 植毛ストレート (556) 約20g
耳（ベース） ……………… アクレーヌ (114) 1g
耳（外側） ………………… ソリッド (9)
耳（内側） ………………… 植毛（白）と同じ
鼻と口元 …………………… アクレーヌ (114)、植毛ストレート (551)、フェルケットソリッド (304) 1cm角、ソリッド (1)、ソリッド (9)
アイライン（黒） ………… アクレーヌ (112)
アイライン（ピンク） …… アクレーヌ (111) と (114) を同量で混色したもの
おなか、足裏 ……………… ソリッド (1) 約5g

[毛糸]
鼻と口のライン …………… エクシードウールL (336)

[その他]
骨格ワイヤー6cm、骨格モール4本、プラスチックアイ（クリスタルブラウン・9mm）2個

作り方　レッスン2を参考に作る。

❶ 頭のベースを作る … p.40
p.40を参考に、骨格ワイヤーとアクレーヌ5gで作る。

❷ ボディのベースを作る … p.41
p.41を参考に骨格モールとアクレーヌ36gで作る。お座りよりも上半身をかがめたポーズにし、肉付けする。

❸ 頭とボディをつなぎ、顔を作る … p.31～33
頭とボディをつなぐ (p.44)。グラスアイで目をつけ、耳を作って頭に刺しつける。鼻を作り、鼻の下の植毛の後に刺しつける。　使用羊毛参照

❹ 顔を植毛する … p.34～36
植毛用の羊毛で顔を植毛する。V字植毛の際、羊毛がしっかり立ち上がるようにし、隙間をあけずに密に植毛する。植毛し終わったら、短く切りそろえる。アイラインを入れ、鼻と口のラインを入れる。　使用羊毛参照

❺ ボディを植毛する … p.45～46
植毛用の羊毛でボディを植毛する。顔と同じように、羊毛をしっかり垂直に立ち上げながら密に植毛する。植毛し終わったら、ベースから1.5cmくらいの長さでハサミの先を使っていねいに切りそろえる。　使用羊毛参照

❻ しっぽをつける … p.46
p.46を参考に、骨格モールとアクレーヌでベースを作り、植毛してからボディにつける。　使用羊毛参照

p.5のようにひげをつける場合は、p.46を参考に、テグスを鼻先に5本ずつつける。

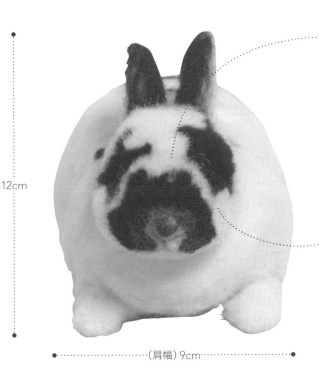

❸ 顔・鼻

使用羊毛 アクレーヌ(114)を鼻から口にかけて刺しつけ、植毛ストレート(551)を植毛する。フェルケット(304)を三角に刺し固め、ソリッド(1)と(9)を混ぜた濃いめのグレーで覆って刺し固める。

❹ 顔

黒の模様が大きめに入るところにチャコペンで印をつけておき、植毛する。小さい模様は白で植毛したあとに挿し入れるようにして植毛する。

使用羊毛 鼻と目の周りは植毛(黒)の羊毛で、それ以外は植毛(白)の羊毛(植毛ストレート(551)とソリッド(1)を同量ずつ混ぜたもの)で植毛する。

12cm
(肩幅)9cm

背中の模様は小さなまだらのスポテッドパターン。この場合は、白で植毛した後に黒を挿し入れるようにして植毛する(p.35 [22]参照)のもおすすめ。

❸ 耳

耳の外側を背中合わせになるようにし、両耳の根元は接するようにつける。

❻ しっぽ

使用羊毛 表側も裏側も、植毛(白)で植毛する。

約19cm

❺ ボディ

使用羊毛 植毛(白)の羊毛(植毛ストレート(551)とソリッド(1)を同量ずつ混ぜたもの)を主にV字植毛し、植毛(黒)の羊毛を模様として植毛する。足裏とおなかはソリッド(1)を刺しつける。

ホーランドロップ（トータス）… p.6

トータスシェル（べっ甲）とも呼ばれるオレンジがかった茶色は何色も混ぜて、部分的に色を変えて表現します。
お好みのグラデーションで仕上げてください。

材料

[羊毛等]

ベース	アクレーヌ(101) 約124g
植毛（茶）	ナチュラルブレンド(803) 約25g、植毛ストレート(553) 約15g、ソリッド(30) 約10g
植毛（グレーブラウン）	植毛（茶）10g、ソリッド(41) 約5g、植毛ストレート(555) 約5g
耳（ベース）	アクレーヌ(114) 2g
耳（外側）	植毛（グレーブラウン）と同じ、ソリッド(9)
耳（内側）	ソリッド(1)、ナチュラルブレンド(803)
鼻と口元	アクレーヌ(114)、植毛ストレート(551)、フェルケットソリッド(304) 1cm角、ソリッド(9)、植毛（茶）と同じ
アイライン（黒）	アクレーヌ(112)
アイライン（ピンク）	アクレーヌ(111)と(114)を同量で混色したもの
おなか、しっぽ（裏側）、足裏	ソリッド(1) 約5g、ナチュラルブレンド(803) 5g

[毛糸]

鼻と口のライン……エクシードウールL(336)

[その他]

骨格ワイヤー10cm、骨格モール6本、グラスアイ（ブラック・14mm）2個、部分用つけまつ毛、テグス(2mm)約50cm

作り方　レッスン2を参考にベースを約3倍の分量で作る。

① 頭のベースを作る … p.40
p.40を参考に、骨格ワイヤーとアクレーヌ15gで作る。

② ボディのベースを作る … p.41
p.41を参考に骨格モールとアクレーヌ108gで作る。ただし、モールはボディ用に30cmを2本つなげて（3cm分をねじり合わせて）50cmにカットして使う。前足用は2本をつなげて47cmにカットし、端からそれぞれ10cmの位置で折り、1cm分ねじる。後ろ足用も同様に47cm用意し、端からそれぞれ15cmの位置で折り、1cm分ねじる。

③ 頭とボディをつなぎ、顔を作る … p.31〜33
頭とボディをつなぐ(p.44)。グラスアイで目をつけ、耳を作って頭に刺しつける。鼻を作り、鼻の下の植毛の後に刺しつける。　使用羊毛参照

④ 顔を植毛する … p.34〜36
植毛用の羊毛で顔を植毛する。アイラインを入れ、まつ毛をつける。鼻と口のラインを入れる。　使用羊毛参照

⑤ ボディを植毛する … p.45〜46
ボディを植毛する。　使用羊毛参照

⑥ しっぽをつける … p.46
p.46を参考に、骨格モールとアクレーヌ1gでベースを作り、植毛してからボディにつける。　使用羊毛参照

⑦ ひげをつける … p.46
テグスを片ほおに5本ずつつける。

⑧ 毛並みを整える
コームでといて毛並みを整え、余分な毛はカットする。

約19cm

約15cm

3 顔・鼻

使用羊毛 アクレーヌ(114)を鼻から口にかけて刺しつけ、①を植毛する。フェルケット(304)を三角に刺し固め、②で覆って刺し固める。

①植毛ストレート(551)とソリッド(30)を同量ずつ混ぜる。
②顔と同じ植毛(茶)の羊毛にソリッド(9)を少量混ぜる。

4 顔

使用羊毛 ①をベースに、目の間からおでこは②を口周りは③を植毛する。

①植毛(茶)の羊毛は、ナチュラルブレンド(803)、植毛ストレート(553)、ソリッド(30)を5:3:2の割合で混ぜる。
②植毛(グレーブラウン)の羊毛は、植毛(茶)にソリッド(41)と植毛ストレート(555)を2:1:1の割合で混ぜる。
③②にソリッド(41)を少量混ぜたもの

3 耳(外側)

使用羊毛 ①を全体に刺しつけ、②を耳先に刺しつける。

①顔と同じ植毛(グレーブラウン)の羊毛
②①にソリッド(9)を少量混ぜたもの

3 耳(内側)

使用羊毛 ソリッド(1)とナチュラルブレンド(803)を同量ずつ混ぜたものを刺しつける。

5 ボディ

使用羊毛 ①を全体にV字植毛するが、お尻側や足先は②を植毛する。おなかと足裏は③を刺しつける。

①顔と同じ植毛(茶)の羊毛
②顔と同じ植毛(グレーブラウン)の羊毛
③おなかと足裏の羊毛は、ソリッド(1)とナチュラルブレンド(803)を同量ずつ混ぜる。

約27cm

6 しっぽ

使用羊毛 しっぽの表側は顔と同じ植毛(茶)で、裏側はボディの③と同じ羊毛で植毛する。

ホーランドロップ（ブロークンオレンジ）... p.7

名前を呼ばれて立ち止まった見返り美人ポーズ。背中の模様と顔、どちらも見せながら飾れます。

材料

[羊毛等]

ベース	アクレーヌ (101) 約50g
植毛（白）	植毛ストレート (551) 約20g
植毛（茶）	ナチュラルブレンド (803) 4g、植毛ストレート (553) 2g、ソリッド (30) 約1g
耳（ベース）	アクレーヌ (114) 1g
耳（外側）	植毛（茶）と同じ
耳（内側）	ソリッド (1)
鼻と口元	アクレーヌ (114)、植毛ストレート (551)、フェルケットソリッド (304) 1cm角、ソリッド (1)、植毛（茶）と同じ
アイライン（黒）	アクレーヌ (112)
アイライン（ピンク）	アクレーヌ (111) と (114) を同量で混色したもの
おなか、足裏	ソリッド (1) 5g

[毛糸]

鼻と口のライン............ エクシードウールL (336)

[その他]

骨格ワイヤー6cm、骨格モール4本、グラスアイ（ブラック・9mm）2個、部分用つけまつ毛、テグス（2mm）約50cm

作り方　レッスン2を参考に少し大きめに作る。

① 頭のベースを作る ... p.40
p.40を参考に、骨格ワイヤーとアクレーヌ9gで作る。

② ボディのベースを作る ... p.41
p.41を参考に骨格モールとアクレーヌ40gで作る。肉付けはp.43の立っちのポーズを参考にする。

③ 頭とボディをつなぎ、顔を作る ... p.31～33
頭とボディをつなぐ。振り返っているように頭の向きに注意してつなぐ（p.44）。グラスアイで目をつけ、耳を作って頭に刺しつける。鼻を作り、鼻の下の植毛の後に刺しつける。
使用羊毛参照

④ 顔を植毛する ... p.34～36
植毛用の羊毛で顔を植毛する。アイラインを入れ、まつ毛をつける。鼻と口のラインを入れる。使用羊毛参照

⑤ ボディを植毛する ... p.45～46
植毛用の羊毛でボディを植毛する。おなかと足裏はソリッド (1) で植毛する。使用羊毛参照

⑥ しっぽをつける ... p.46
p.46を参考に、骨格モールとアクレーヌ1gでベースを作り、植毛してからボディにつける。使用羊毛参照

⑦ ひげをつける ... p.46
テグスを片ほおに5本ずつつける。

⑧ 毛並みを整える
コームでといて毛並みを整え、余分な毛はカットする。

❸ 顔・鼻

使用羊毛　アクレーヌ(114)を鼻から口にかけて刺しつけ、植毛ストレート(551)を植毛する。フェルケット(304)を三角に刺し固め、ソリッド(1)で覆って刺し固め、顔と同じ植毛(茶)を薄く重ねて刺しつける。

❹ 顔

茶の模様が入るところにチャコペンで印をつけておき、植毛する。

使用羊毛　主に植毛(白)で植毛し、鼻周りと目の周りに植毛(茶)で植毛する。

> 植毛(茶)の羊毛は、ナチュラルブレンド(803)、植毛ストレート(553)、ソリッド(30)を4:2:1の割合で混ぜて作り、模様として植毛する。鼻の上は、植毛(茶)に少しソリッド(30)を多めに混ぜた羊毛で植毛する。

約21cm
約13cm

❺ ボディ

使用羊毛　おなか以外は植毛(白)をベースにV字植毛し、顔と同じ植毛(茶)の羊毛を模様として植毛する。おなかと足裏はソリッド(1)で重ね植毛する。

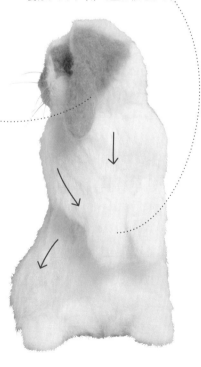

約10cm

❻ しっぽ

使用羊毛　表側は顔と同じ植毛(茶)で、裏側は植毛(白)で植毛する。

❸ 耳

使用羊毛　耳は目尻の延長線上につける。耳の外側と耳の上(クラウン側)は顔と同じ植毛(茶)の羊毛で植毛する。

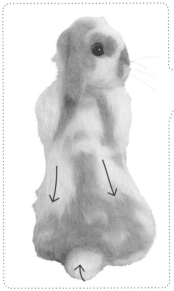

背中の模様。白を基調にお尻にかけて茶の模様を多めに入れる。

ライオンヘッド（アプリコット）... p.8

ふさふさのたてがみがライオンを思わせるうさぎです。直立する小さな耳と三角形の横顔も特徴です。

材料

[羊毛等]

- ベース .... アクレーヌ (111) 約124g
- 植毛（グレー）........... 植毛ストレート (555) 約42g、ソリッド (30) 約14g、植毛ストレート (552) 約7g、ナチュラルブレンド (803) 約7g
- 植毛（濃グレー）........ 植毛（グレー）を混色したもの20g、ソリッド (30) 20g
- 耳（ベース）.............. アクレーヌ (114) 1g
- 耳（外側）................. ソリッド (30)、ナチュラルブレンド (803)、ソリッド (1)
- 耳（内側）................. ソリッド (1)
- 鼻と口元 .... アクレーヌ (114)、植毛ストレート (551)、フェルケットソリッド (304) 2cm角、植毛（濃グレー）と同じ
- アイライン（黒）......... アクレーヌ (112)
- アイライン（ピンク）..... アクレーヌ (111) と (114) を同量で混色したもの

[毛糸]

- 鼻と口のライン .... エクシードウールL (336)

[その他]

骨格ワイヤー10cm、骨格モール6本、グラスアイ（ブラック・14mm）2個、部分用つけまつ毛、テグス (2mm) 約50cm

作り方　レッスン2を参考にベースを約3倍の分量で作る。

❶ 頭のベースを作る ... p.40
p.40を参考に、骨格ワイヤーとアクレーヌ15gで作る。

❷ ボディのベースを作る ... p.41
p.41を参考に骨格モールとアクレーヌ108gで作る。ただし、モールはボディ用に30cmを2本つなげて（3cm分をねじり合わせて）50cmにカットして使う。前足用は2本をつなげて47cmにカットし、端からそれぞれ10cmの位置で折り、1cm分ねじる。後ろ足用も同様に47cm用意し、端からそれぞれ15cmの位置で折り、1cm分ねじる。

❸ 頭とボディをつなぎ、顔を作る ... p.31～33
頭とボディをつなぐ (p.44)。グラスアイで目をつけ、耳を作って頭に刺しつける。鼻を作り、鼻の下の植毛の後に刺しつける。 使用羊毛参照

❹ 顔を植毛する ... p.34～36
植毛用の羊毛で顔を植毛する。アイラインを入れ、まつ毛をつける。鼻と口のラインを入れる。 使用羊毛参照

❺ ボディを植毛する ... p.45～46
植毛用の羊毛でボディを植毛する。おなかと足裏は植毛（グレー）を刺しつける。 使用羊毛参照

❻ しっぽをつける ... p.46
p.46を参考に、骨格モールとアクレーヌ1gでベースを作り、植毛してからボディにつける。 使用羊毛参照

❼ ひげをつける ... p.46
テグスを片ほおに5本ずつつける。

❽ 毛並みを整える
コームでといて毛並みを整え、余分な毛はカットする。

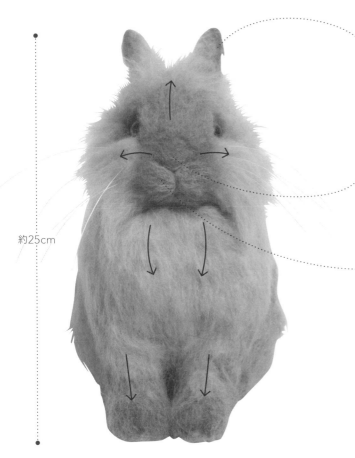

約25cm

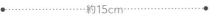

約15cm

❸ 耳（外側）

使用羊毛 ①を中央に刺しつけ、その周りに②を、耳先に③を刺しつける。

①ソリッド（1）
②ソリッド（30）とナチュラルブレンド（803）を2：1の割合で混ぜる。
③ソリッド（30）

❸ 顔・鼻

使用羊毛 アクレーヌ（114）を鼻から口にかけて刺しつけ、植毛ストレート（551）を植毛する。フェルケット（304）を三角に刺し固める。顔と同じ植毛（濃グレー）にソリッド（1）を混ぜた羊毛で覆って刺し固める。

❹ 顔

使用羊毛 ①はたてがみとほおに、②は顔の中心や目の周りに植毛する。たてがみの植毛は約8cmほど長めに用意し、顔の周りと首の周りにV字植毛する。

①植毛（グレー）の羊毛は、植毛ストレート（555）、ソリッド（30）、植毛ストレート（552）、ナチュラルブレンド（803）を6：2：1：1の割合で混ぜる。
②植毛（濃グレー）の羊毛は、①とソリッド（30）を1：1で混ぜる。

❺ ボディ

使用羊毛 ①を胸から腕にV字植毛し、おなかや足裏に刺しつける。②は背中からお尻、足先に植毛する。サイズが大きいので、植毛1回分は約6cm用意する。

①顔と同じ植毛（グレー）の羊毛
②顔と同じ植毛（濃グレー）の羊毛

約22cm

❻ しっぽ

使用羊毛 表側も裏側も、顔と同じ植毛（グレー）の羊毛で植毛する。

ホーランドロップ（リンクス）... p.10

足を投げ出したリラックスポーズ。顔を少し上げてつけると表情が見えやすくなります。
リンクスの中でもカフェオレに近いイメージの色を作ります。

材料

[羊毛等]

ベース	アクレーヌ(109) 約42g
植毛(茶)	ナチュラルブレンド(803) 約10g、植毛ストレート(553) 約7g、ソリッド(30) 約3g
植毛(白)	植毛ストレート(551) 5g
耳(ベース)	アクレーヌ(114) 1g
耳(外側)	植毛(茶)と同じ、ソリッド(30)
耳(内側)	ソリッド(1)
鼻と口元	アクレーヌ(114)、植毛ストレート(551)、フェルケットソリッド(304) 1cm角、ソリッド(1)、植毛(茶)と同じ
アイライン(黒)	アクレーヌ(112)
アイライン(ピンク)	アクレーヌ(111)と(114)を同量で混色したもの
おなか、足裏	ソリッド(1) 約5g

[毛糸]

鼻と口のライン………… エクシードウールL(336)

[その他]

骨格ワイヤー6cm、骨格モール4本、グラスアイ(ブラック・9mm)2個、部分用つけまつ毛、テグス(2mm)約50cm

作り方　レッスン2を参考に作る。

❶ 頭のベースを作る ... p.40
p.40を参考に、骨格ワイヤーとアクレーヌ5gで作る。

❷ ボディのベースを作る ... p.41
p.41を参考に骨格モールとアクレーヌ36gで作る。p.43の立っちのポーズを参考に、さらに前足と後ろ足をそれぞれのばしてリラックスポーズにし、肉付けする。

❸ 頭とボディをつなぎ、顔を作る ... p.31～33
頭とボディをつなぐ(p.44)。グラスアイで目をつけ、耳を作って頭に刺しつける。鼻を作り、鼻の下の植毛の後に刺しつける。
使用羊毛参照

❹ 顔を植毛する ... p.34～36
植毛用の羊毛で顔を植毛する。アイラインを入れ、まつ毛をつける。鼻と口のラインを入れる。　使用羊毛参照

❺ ボディを植毛する ... p.45～46
植毛用の羊毛でボディを植毛する。おなかと足裏はソリッド(1)で植毛する。　使用羊毛参照

❻ しっぽをつける ... p.46
p.46を参考に、骨格モールとアクレーヌ0.5gでベースを作り、植毛してからボディにつける。　使用羊毛参照

❼ ひげをつける ... p.46
テグスを片ほおに5本ずつつける。

❽ 毛並みを整える
コームでといて毛並みを整え、余分な毛はカットする。

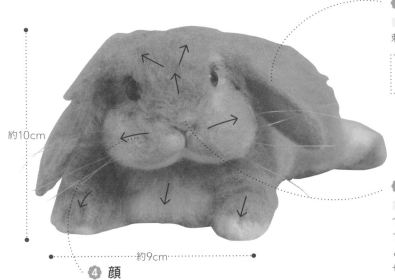

約10cm
約9cm

3 耳（外側）

使用羊毛　①を全体に刺しつけ、②を耳先に刺しつける。

①顔と同じ植毛（茶）の羊毛
②①にソリッド（30）を少量混ぜる。

3 顔・鼻

使用羊毛　アクレーヌ（114）を鼻から口にかけて刺しつけ、植毛ストレート（551）を植毛する。フェルケット（304）を三角に刺し固める。顔と同じ植毛用の羊毛（茶）にソリッド（1）を混ぜた羊毛で覆って刺し固める。

4 顔

使用羊毛　①をベースに、鼻からおでこは②を目の周りと口の下、あごは植毛（白）の羊毛を植毛する。

①植毛（茶）の羊毛は、ナチュラルブレンド（803）、植毛ストレート（553）、ソリッド（30）を10：7：3の割合で混ぜる。
②①にソリッド（30）を少量混ぜる。

約25cm

5 ボディ

使用羊毛　首からお尻に向かって①から②へグラデーションになるようにV字植毛する。前足の先は植毛（白）で重ね植毛する。

①顔と同じ植毛（茶）の羊毛
②①にソリッド（30）を少量混ぜる。

6 しっぽ

使用羊毛　表側は顔と同じ植毛（茶）で、裏側は植毛（白）で植毛する。

5 ボディ・おなか、足裏

使用羊毛　ソリッド（1）で重ね植毛する。

フレミッシュジャイアント（フォーン）... p.12

大きな体と長い耳が魅力のうさぎ。ベースを作るときに肉付きよく、がっしりと作りましょう。
うさぎのメス特有のマフラーも表現しました。

材料

[羊毛等]
ベース ………………… アクレーヌ (109) 約83g
植毛 (白) ……………… 植毛ストレート (551) 約5g
植毛 (茶) ……………… 植毛ストレート (553) 14g、植毛ストレート (552) 7g、植毛ストレート (555) 7g、
　　　　　　　　　　　　ナチュラルブレンド (803) 14g
耳 (ベース) …………… アクレーヌ (114) 2g
耳 (外側) ……………… 植毛 (茶) と同じ
耳 (内側) ……………… ソリッド (1)
鼻と口元 ……………… アクレーヌ (114)、植毛ストレート (551)、フェルケットソリッド (304) 1cm角、植毛 (茶) と同じ
アイライン (黒) ……… アクレーヌ (112)
アイライン (ピンク) … アクレーヌ (111) と (114) を同量で混色したもの
おなか、足裏 ………… ソリッド (1) 5g

[毛糸]
鼻と口のライン ………… エクシードウールL (336)

[その他]
骨格ワイヤー6cm、骨格モール6本、グラスアイ（ブラック・10mm）2個、部分用つけまつ毛、テグス（2mm）約50cm

作り方　レッスン2を参考にベースを約2倍の分量で作る。

① 頭のベースを作る ... p.40
p.40を参考に、骨格ワイヤーとアクレーヌ10gで作る。

② ボディのベースを作る ... p.41
p.41を参考に骨格モールとアクレーヌ72gで作る。ただし、モールはボディ用に30cmを2本つなげて（3cm分をねじり合わせて）40cmにカットして使う。前足用は2本をつなげて37cmにカットし、端からそれぞれ6cmの位置で折り、1cm分ねじる。後ろ足用も同様に37cm用意し、端からそれぞれ10cmの位置で折り、1cm分ねじる。肉付けするときに、首周りのマフラーの肉付きをよくする。

③ 頭とボディをつなぎ、顔を作る ... p.31〜33
頭とボディをつなぐ（p.44）。グラスアイで目をつけ、耳を作って頭に刺しつける。鼻を作り、鼻の下の植毛の後に刺しつける。　使用羊毛参照

④ 顔を植毛する ... p.34〜36
植毛用の羊毛で顔を植毛する。アイラインを入れ、まつ毛をつける。鼻と口のラインを入れる。　使用羊毛参照

⑤ ボディを植毛する ... p.45〜46
植毛用の羊毛でボディを植毛する。おなかと足裏はソリッド(1)を刺しつける。　使用羊毛参照

⑥ しっぽをつける ... p.46
p.46を参考に、骨格モールとアクレーヌ1gでベースを作り、植毛してからボディにつける。　使用羊毛参照

⑦ ひげをつける ... p.46
テグスを鼻先に5本ずつつける。

⑧ 毛並みを整える
コームでといて毛並みを整え、余分な毛はカットする。

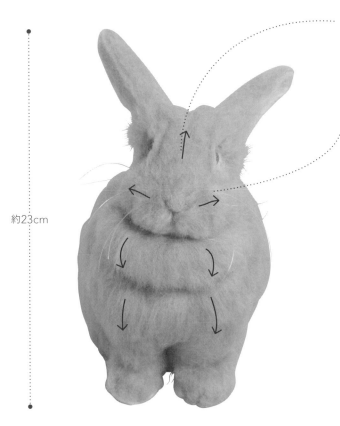

約23cm

❸ 顔・鼻

使用羊毛 アクレーヌ（114）を鼻から口にかけて刺しつけ、植毛ストレート（551）を植毛する。フェルケット（304）を三角に刺し固め、顔と同じ植毛（茶）の羊毛で覆って刺し固める。

❹ 顔

使用羊毛 植毛（茶）の羊毛を全体に植毛し、目の周りと耳の付け根、あご、口の下は植毛（白）を植毛する。

植毛（茶）の羊毛は、ナチュラルブレンド（803）、植毛ストレート（553）、植毛ストレート（552）、植毛ストレート（555）を2：2：1：1の割合で混ぜる。

❺ ボディ

使用羊毛 顔と同じ植毛（茶）の羊毛を全体にV字植毛する。マフラー部分は段になるように、胸とは分けて植毛する。

約13cm

約22cm

❻ しっぽ

使用羊毛 表側は顔と同じ植毛（茶）で、裏側は植毛（白）で植毛する。

アメリカンファジーロップ（ブロークントート）... p.13

うさぎがグルーミングでよくする、ラグビーの五郎丸ポーズのような仕草です。
ホーランドロップより毛足が長いのが特徴です。

材料

[羊毛等]

ベース	アクレーヌ(101) 約42g
植毛(白)	植毛ストレート(551) 約18g
植毛(オレンジ)	ナチュラルブレンド(803) 4g、植毛ストレート(553) 2g、ソリッド(30) 約1g
植毛(濃茶)	ソリッド(30) 約4g、ソリッド(9) 約2g、ナチュラルブレンド(805) 1g
植毛(グレー)	植毛ストレート(555) 約2g、植毛ストレート(551) 約2g、ナチュラルブレンド(803) 1g、ソリッド(30) 約1g
耳(ベース)	アクレーヌ(114) 1g
耳(外側)	植毛(濃茶)と同じ
耳(内側)、足裏	ソリッド(1)
鼻と口元	アクレーヌ(114)、植毛ストレート(551)、フェルケットソリッド(304) 1cm角、ソリッド(30)、植毛(濃茶)と同じ
アイライン(黒)	アクレーヌ(112)
アイライン(ピンク)	アクレーヌ(111)と(114)を同量で混色したもの
まつ毛	植毛ストレート(553)

[毛糸]

鼻と口のライン……… エクシードウールL(336)

[その他]

骨格ワイヤー6cm、骨格モール4本、グラスアイ(ブラック・8mm) 2個、テグス(2mm) 約50cm

作り方　レッスン2を参考に作る。

① 頭のベースを作る ... p.40
p.40を参考に、骨格ワイヤーとアクレーヌ5gで作る。

② ボディのベースを作る ... p.41
p.41を参考に骨格モールとアクレーヌ36gで作る。肉付けはp.43の立っちのポーズを参考にする。口の下に手をそろえるイメージで手を曲げて形を決める。

③ 頭とボディをつなぎ、顔を作る ... p.31〜33
頭とボディをつなぐ。グラスアイで目をつけ、耳を作って頭に刺しつける。鼻を作り、鼻の下の植毛の後に刺しつける。 使用羊毛参照

④ 顔を植毛する ... p.34〜36
植毛用の羊毛で顔を植毛する。植毛1回分は約6〜7cm長めに用意し、植毛後にカットする。アイラインを入れ、まつ毛をつける。鼻と口のラインを入れる。 使用羊毛参照

⑤ ボディを植毛する ... p.45〜46
植毛用の羊毛でボディを植毛する。足裏はソリッド(1)で植毛する。 使用羊毛参照

⑥ しっぽをつける ... p.46
p.46を参考に、骨格モールとアクレーヌでベースを作り、植毛(白)の羊毛で植毛してからボディにつける。ただし、しっぽはお尻の毛で隠れて見えないので、省略してもよい。

⑦ ひげをつける ... p.46
テグスを片ほおに5本ずつつける。

⑧ 毛並みを整える
コームで毛並みを整え、余分な毛があればカットする。毛先をつまみ、上にはねさせる。

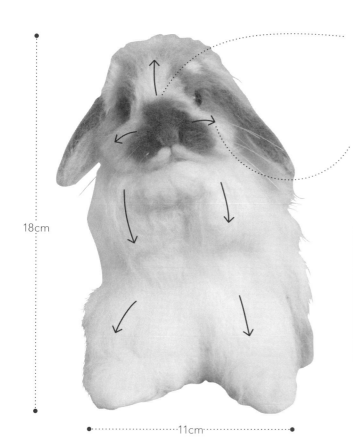

❸ 顔・鼻

使用羊毛 アクレーヌ(114)を鼻から口にかけて刺しつけ、植毛ストレート(551)を植毛する。フェルケット(304)を三角に刺し固め、顔と同じ植毛用(濃茶)に少しソリッド(30)を多めに混ぜた羊毛で覆って刺し固める。

❹ 顔

使用羊毛 模様が入るところをチャコペンで印をつけておく。植毛(白)をベースに、模様として植毛(オレンジ)、植毛(濃茶)、植毛(グレー)を植毛する。植毛1回分は約6〜7cm程度長めに用意する。

植毛(オレンジ)の羊毛は、ナチュラルブレンド(803)、植毛ストレート(553)、ソリッド(30)を4:2:1の割合で混ぜる。
植毛(濃茶)の羊毛は、ソリッド(30)、ソリッド(9)、ナチュラルブレンド(805)を4:2:1の割合で混ぜる。
植毛(グレー)の羊毛は、植毛ストレート(555)、植毛ストレート(551)、ナチュラルブレンド(803)、ソリッド(30)を2:2:1:1の割合で混ぜる。

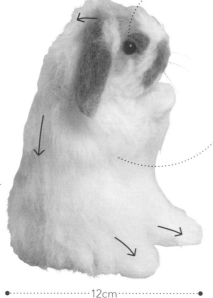

❹ 顔・まつ毛

アイラインの上に植毛ストレート(553)をV字植毛でつける。

❺ ボディ

使用羊毛 植毛(白)をベースにV字植毛し、主に背中に模様として、顔と同じ植毛(オレンジ)、植毛(濃茶)、植毛(グレー)を植毛する。おなかも植毛(白)でV字植毛する。植毛1回分は約6〜7cm程度長めに用意する。足裏はソリッド(1)で重ね植毛する。

首は白、背中に模様を入れる。お尻には顔と同じ割合で配合した植毛(グレー)を植毛する。

ライオン系ミックス（フロスティ）... p.14

前足に力を入れてお座りしているポーズです。ライオン系なので顔の周りにたてがみを軽く植毛します。

材料

[羊毛等]
- ベース ……………… アクレーヌ (101) 約42g
- 植毛（白）…………… 植毛ストレート (551) 約25g
- 植毛（薄グレー）……… ソリッド (1) 3g、ナチュラルブレンド (805) 3g
- 植毛（グレー）………… 植毛（薄グレー）と同じ、植毛ストレート (555) 2g
- 耳（ベース）…………… アクレーヌ (114) 1g
- 耳（外側）…………… 植毛ストレート (551)、植毛ストレート (555)、ソリッド (30)
- 耳（内側）…………… ソリッド (1)
- 鼻と口元 ……………… アクレーヌ (114)、フェルケットソリッド (304) 1cm角、植毛ストレート (551)、ソリッド (1)、ナチュラルブレンド (805)
- アイライン（黒）……… アクレーヌ (112)
- アイライン（ピンク）…… アクレーヌ (111) と (114) を同量で混色したもの
- おなか、足裏 ………… ソリッド (1) 約5g

[毛糸]
- 鼻と口のライン ………… エクシードウールL (336)

[その他]
骨格ワイヤー6cm、骨格モール4本、グラスアイ（ブラック・8mm）2個、テグス（2mm）約50cm

作り方   レッスン2を参考に作る。

❶ 頭のベースを作る ... p.40
p.40を参考に、骨格ワイヤーとアクレーヌ5gで作る。

❷ ボディのベースを作る ... p.41
p.41を参考に骨格モールとアクレーヌ36gで作る。

❸ 頭とボディをつなぎ、顔を作る ... p.31～33
頭とボディをつなぐ (p.44)。グラスアイで目をつけ、耳を作って頭に刺しつける。鼻を作り、鼻の下の植毛の後に刺しつける。　使用羊毛参照

❹ 顔を植毛する ... p.34～36
植毛用の羊毛で顔を植毛する。アイラインを入れ、鼻と口のラインを入れる。　使用羊毛参照

❺ ボディを植毛する ... p.45～46
植毛用の羊毛でボディを植毛する。おなかと足裏はソリッド (1) を刺しつける。　使用羊毛参照

❻ しっぽをつける ... p.46
p.46を参考に、骨格モールとアクレーヌ0.5gでベースを作り、植毛してからボディにつける。　使用羊毛参照

❼ ひげをつける ... p.46
テグスを片ほおに5本ずつつける。

❽ 毛並みを整える
コームでといて毛並みを整え、余分な毛はカットする。

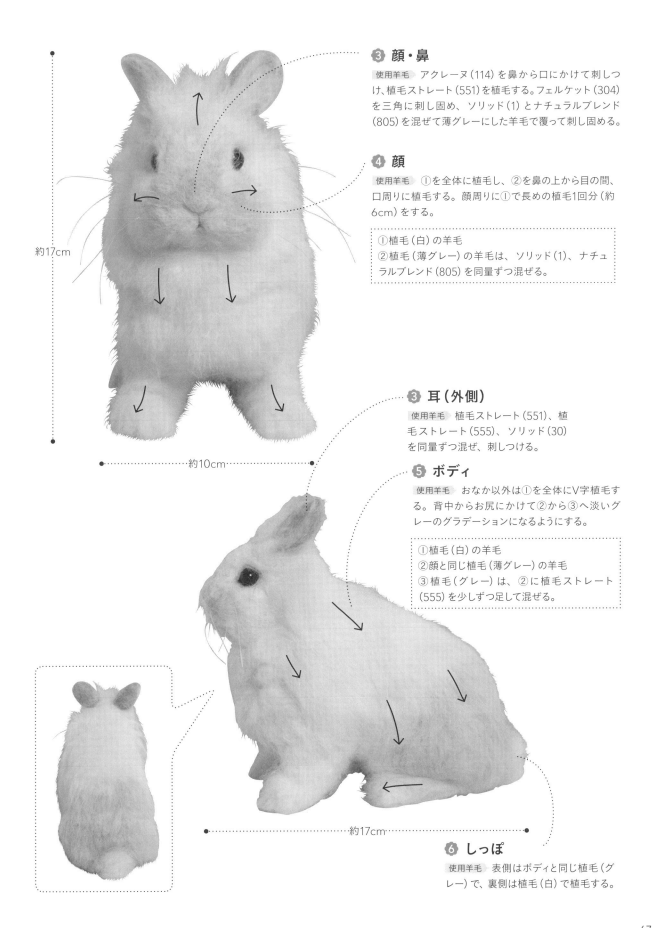

❸ 顔・鼻

使用羊毛 アクレーヌ(114)を鼻から口にかけて刺しつけ、植毛ストレート(551)を植毛する。フェルケット(304)を三角に刺し固め、ソリッド(1)とナチュラルブレンド(805)を混ぜて薄グレーにした羊毛で覆って刺し固める。

❹ 顔

使用羊毛 ①を全体に植毛し、②を鼻の上から目の間、口周りに植毛する。顔周りに①で長めの植毛1回分(約6cm)をする。

①植毛(白)の羊毛
②植毛(薄グレー)の羊毛は、ソリッド(1)、ナチュラルブレンド(805)を同量ずつ混ぜる。

❸ 耳(外側)

使用羊毛 植毛ストレート(551)、植毛ストレート(555)、ソリッド(30)を同量ずつ混ぜ、刺しつける。

❺ ボディ

使用羊毛 おなか以外は①を全体にV字植毛する。背中からお尻にかけて②から③へ淡いグレーのグラデーションになるようにする。

①植毛(白)の羊毛
②顔と同じ植毛(薄グレー)の羊毛
③植毛(グレー)は、②に植毛ストレート(555)を少しずつ足して混ぜる。

❻ しっぽ

使用羊毛 表側はボディと同じ植毛(グレー)で、裏側は植毛(白)で植毛する。

ネザーランドドワーフ（チェストナット）… p.15

耳を洗うしぐさはボディの傾きと耳の長さのバランスをとって作るようにしましょう。

材料

[羊毛等]
ベース …………………… アクレーヌ (111) 約42g
植毛（白）……………… 植毛ストレート (551) 約2g
植毛（茶）……………… ソリッド (41) 12g、植毛ストレート (553) 12g、植毛ストレート (556) 4g
耳（ベース）…………… アクレーヌ (114) 1g
耳（外側）……………… 植毛（茶）と同じ、植毛ストレート (556)
耳（内側）……………… ソリッド (1)
鼻と口元 ………………… アクレーヌ (114)、植毛ストレート (551)、フェルケットソリッド (304) 1cm角、植毛（茶）と同じ
アイライン（黒）……… アクレーヌ (112)
アイライン（ピンク）… アクレーヌ (111) と (114) を同量で混色したもの
おなか、足裏 …………… ソリッド (1) 約5g

[毛糸]
鼻と口のライン ………… エクシードウールL (336)

[その他]
骨格ワイヤー6cm、骨格モール4本、グラスアイ（ブラック・8mm）2個、部分用つけまつ毛、テグス黒 (2mm) 約50cm

作り方　レッスン2を参考に作る。

❶ 頭のベースを作る … p.40
p.40を参考に、骨格ワイヤーとアクレーヌ5gで作る。

❷ ボディのベースを作る … p.41
p.41を参考に骨格モールとアクレーヌ36gで作る。肉付けはp.43の立っちのポーズを参考にする。

❸ 頭とボディをつなぎ、顔を作る … p.31〜33
頭とボディをつなぐ (p.44)。グラスアイで目をつけ、耳を作って頭に刺しつける。鼻を作り、鼻の下の植毛の後に刺しつける。　使用羊毛参照

❹ 顔を植毛する … p.34〜36
植毛用の羊毛で顔を植毛する。アイラインを入れ、まつ毛をつける。鼻と口のラインを入れる。　使用羊毛参照

❺ ポーズを整える
体を丸めて首をかしげ、耳を洗っているしぐさになるように前足と片耳を曲げる。ポーズが決まったら、指で押さえながら針でおなかを背中、前足、首を刺して前足で片耳を挟むように整える。

❻ ボディを植毛する … p.45〜46
植毛用の羊毛でボディを植毛する。おなかと足裏はソリッド (1) で植毛する。　使用羊毛参照

❼ しっぽをつける … p.46
p.46を参考に、骨格モールとアクレーヌ0.5gでベースを作り、植毛してからボディにつける。　使用羊毛参照

❽ ひげをつける … p.46
テグスを片ほおに5本ずつつける。

❾ 毛並みを整える
コームでといて毛並みを整え、余分な毛はカットする。

❹ 顔・目

目の周りを植毛（白）の羊毛で植毛してから、黒とピンクのアイラインを入れる。

❸ 顔・鼻

使用羊毛　アクレーヌ（114）を鼻から口にかけて刺しつけ、植毛ストレート（551）を植毛する。フェルケット（304）を三角に刺し固め、顔と同じ植毛（茶）の羊毛で覆って刺し固める。

❹ 顔

使用羊毛　植毛（茶）の羊毛を全体に植毛し、目の周りと耳の付け根、あご、口の下は植毛（白）を植毛する。

植毛（茶）の羊毛は、ソリッド（41）、植毛ストレート（553）、植毛ストレート（556）を3：3：1の割合で混ぜる。

❸ 耳（外側）

使用羊毛　顔と同じ割合で混ぜた植毛（茶）の羊毛に植毛ストレート（556）を少し足して混ぜ、全体に刺しつける。

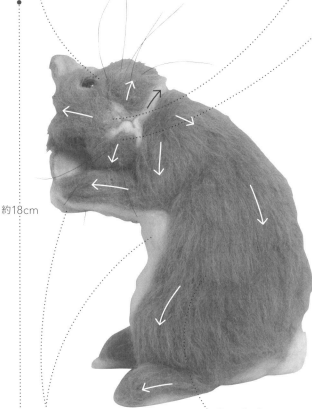

約18cm

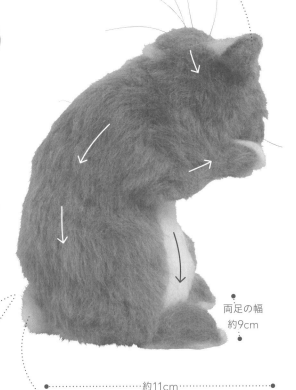

両足の幅
約9cm

約11cm

❻ ボディ・おなか、足裏

使用羊毛　ソリッド（1）で重ね植毛する。

❻ ボディ

使用羊毛　顔と同じ植毛（茶）の羊毛で全体にV字植毛する。

❼ しっぽ

使用羊毛　表側は顔と同じ植毛（茶）で、裏側は植毛（白）の羊毛で植毛する。

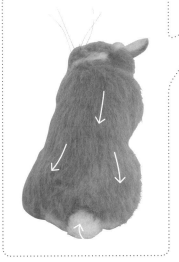

後ろから見たポーズ。

ジャージーウーリー（セーブルポイント）… p.16

顔の毛は短く、体の毛は長めに植毛します。顔も体もふっくら丸いイメージで作りましょう。
オレンジは参考作品です。

材料

[羊毛等]
ベース ……………………… アクレーヌ (101) 約22g
植毛（白）………………… 植毛ストレート (551) 約10g
植毛（こげ茶）…………… 植毛ストレート (556) 1g、ソリッド (41) 約1g
植毛（茶系白）…………… 植毛ストレート (551) 約3g、植毛ストレート (553) 1g、植毛ストレート (555) 1g
耳（ベース）……………… アクレーヌ (114) 1g
耳（外側）………………… 植毛（こげ茶）と同じ
耳（内側）………………… ソリッド (1)
鼻と口元 ………………… アクレーヌ (114)、植毛ストレート (551)、フェルケットソリッド (304) 1cm角、植毛（こげ茶）
アイライン（ピンク）……… アクレーヌ (111) と (114) を同量で混色したもの
アイライン（黒）………… アクレーヌ (112)
ボディの植毛（白）、底面 …… ソリッド (1) 8g

[毛糸]
鼻と口のライン …………… エクシードウールL (336)

[その他]
グラスアイ（ブラック・7mm）2個

作り方　レッスン2の香箱座り(p.47)を参考に作る。

❶ 頭のベースを作る … p.40
p.40を参考にアクレーヌ5gで作る。ただし、骨格ワイヤーは使わない。

❷ ボディのベースを作る
p.48を参考にアクレーヌ17gで俵形（底は平ら）に作る。

❸ 頭とボディをつなぎ、顔を作る … p.31〜33
頭とボディをつなぐ(p.48)。グラスアイで目をつけ、耳を作って頭に刺しつける。鼻を作り、鼻の下の植毛の後に刺しつける。
使用羊毛参照

❹ 顔を植毛する … p.34〜36
植毛用の羊毛で顔を植毛する。アイラインを入れ、鼻と口のラインを入れる。　使用羊毛参照

❺ ボディを植毛する … p.48
p.48を参考に、底面をソリッド (1) で刺しつけてから、植毛用の羊毛でボディを長めに植毛する。使用羊毛参照

❻ 毛並みを整える
コームでといて毛並みを整え、余分な毛はカットする。

p.16のようにひげをつける場合は、p.46を参考に、テグスを片ほおに5本ずつつける。

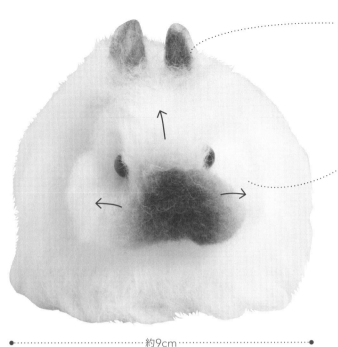

❸ 耳（外側）

使用羊毛　植毛（こげ茶）の羊毛の植毛ストレート（556）、ソリッド（41）を1:1の割合で混ぜ、全体に刺しつける。

❹ 顔

使用羊毛　植毛（白）の羊毛で主に植毛し、鼻の周りを①②③の羊毛でグラデーションになるようV字植毛する。
目の間から耳にかけてと、耳の周りは②でV字植毛し、少し長めにカットする。

①植毛（こげ茶）の羊毛は、植毛ストレート（556）、ソリッド（41）を1:1の割合で混ぜる。
②植毛（茶系白）の羊毛は、植毛ストレート（551）、植毛ストレート（553）、植毛ストレート（555）を3:1:1の割合で混ぜる。
③①と②の羊毛をそれぞれ同量ずつ混ぜる。

約9cm

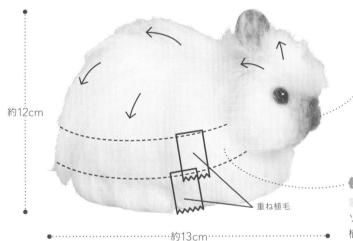

❸ 顔・鼻

使用羊毛　アクレーヌ（114）を鼻から口にかけて刺しつけ、植毛ストレート（551）を植毛する。フェルケット（304）を三角に刺し固め、顔と同じ植毛（こげ茶）で覆って刺し固める。鼻の上も同じ羊毛で植毛する。

❺ ボディ

使用羊毛　ソリッド（1）をボディの周囲に重ね植毛し、植毛（白）の羊毛を背中にV字植毛する。

約12cm　約13cm　重ね植毛

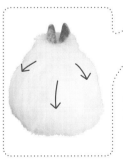

背中からボディの脇まで長く毛がのびているので、ふっくら丸みを帯びるように整える。

参考作品／ジャージーウーリー（オレンジ）
アクレーヌ（109）でベースを作り、顔を作って植毛する。植毛の羊毛はp.40のネザーランドドワーフ（オレンジ）を参考にして作る。

ホーランドロップ（リンクス）… p.18

おすわりして顔を少し横に向けたおすましポーズです。
ミルクティーのような色合いのリンクスは4種類の羊毛を混ぜて表現します。

材料

[羊毛等]
ベース ……………… アクレーヌ（101）約50g
植毛（ベージュ）……… ナチュラルブレンド（803）約12g、植毛ストレート（555）約12g、植毛ストレート（553）約6g、
　　　　　　　　　　　ソリッド（30）約3g
植毛（白）…………… 植毛ストレート（551）約2g
耳（ベース）………… アクレーヌ（114）1g
耳（外側）…………… 植毛（ベージュ）と同じ、ソリッド（30）
耳（内側）…………… ソリッド（1）
鼻と口元 …………… アクレーヌ（114）、植毛ストレート（551）、フェルケットソリッド（304）1cm角、ソリッド（1）、
　　　　　　　　　　　植毛（ベージュ）と同じ
アイライン（黒）…… アクレーヌ（112）
アイライン（ピンク）… アクレーヌ（111）と（114）を同量で混色したもの
おなか、足裏 ……… ソリッド（1）約5g

[毛糸]
鼻と口のライン ……… エクシードウールL（336）

[その他]
骨格ワイヤー6cm、骨格モール4本、グラスアイ（ブラック・9mm）2個、部分用つけまつ毛、テグス（2mm）約50cm

作り方　レッスン2を参考に少し大きめに作る。

❶ 頭のベースを作る … p.40
p.40を参考に、骨格ワイヤーとアクレーヌ9gで作る。

❷ ボディのベースを作る … p.41
p.41を参考に骨格モールとアクレーヌ40gで作る。

❸ 頭とボディをつなぎ、顔を作る … p.31〜33
頭とボディをつなぐ（p.44）。グラスアイで目をつけ、耳を作って頭に刺しつける。鼻を作り、鼻の下の植毛の後に刺しつける。
使用羊毛参照

❹ 顔を植毛する … p.34〜36
植毛用の羊毛で顔を植毛する。アイラインを入れ、まつ毛をつける。鼻と口のラインを入れる。使用羊毛参照

❺ ボディを植毛する … p.45〜46
植毛用の羊毛でボディを植毛する。おなかと足裏はソリッド（1）を刺しつける。使用羊毛参照

❻ しっぽをつける … p.46
p.46を参考に、骨格モールとアクレーヌ1gでベースを作り、植毛してからボディにつける。使用羊毛参照

❼ ひげをつける … p.46
テグスを片ほおに5本ずつつける。

❽ 毛並みを整える
コームでといて毛並みを整え、余分な毛はカットする。

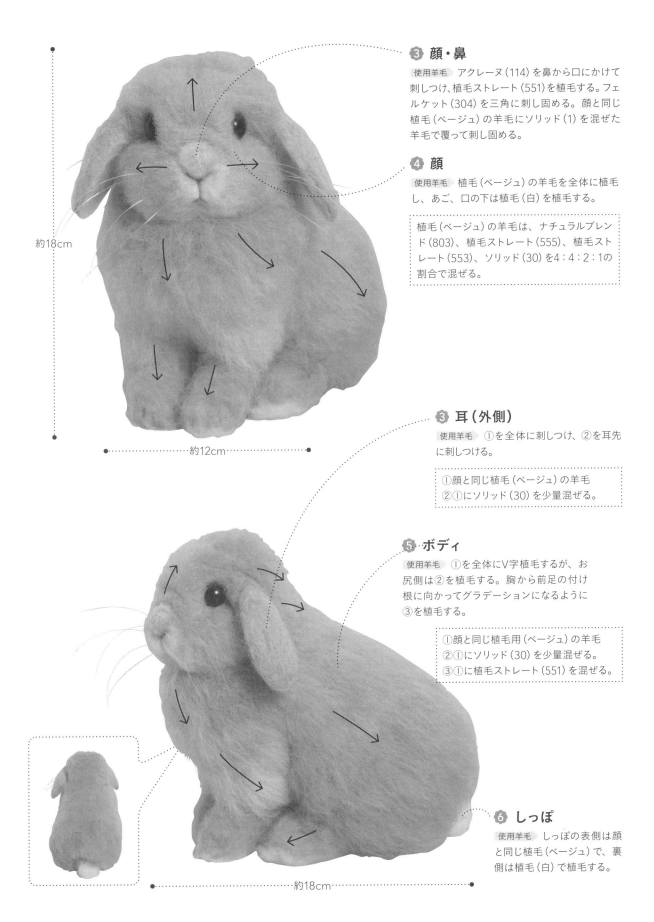

ホーランドロップ（ブロークンブラック/ブロークンオレンジ）... p.19

人気の高いブロークンタイプのバリエーションです。
どちらも、模様の入り方は大きく模様の入ったブランケットタイプです。

材料

[羊毛等]
★共通
ベース .... アクレーヌ (101) 各約50g
植毛（白）............... 植毛ストレート (551) 各約20g
耳（ベース）............ アクレーヌ (114) 1g
耳（内側）............... ソリッド (1)
鼻と口元 .... アクレーヌ (114)、フェルケットソリッド (304) 各1cm角、ソリッド (1)、植毛ストレート (551)
アイライン（黒）...... アクレーヌ (112)
アイライン（ピンク）... アクレーヌ (111) と (114) を同量で混色したもの
おなか、足裏 .... ソリッド (1) 各5g
★ブロークンブラック
植毛（模様）........... 植毛ストレート (556) 約10g
耳（外側）............... 植毛ストレート (556)、ソリッド (1)
★ブロークンオレンジ
植毛（模様）........... ナチュラルブレンド (804) 約9g、植毛ストレート (553) 約3g
耳（外側）............... 植毛（模様）と同じ、ソリッド (9)

[毛糸]
★共通
鼻と口のライン .... エクシードウールL (336)

[その他]
★共通
骨格ワイヤー各6cm、骨格モール各4本、グラスアイ（ブラック・8mm）各2個、部分用つけまつ毛、テグス (2mm) 各約50cm

作り方　レッスン2を参考に少し大きめに作る。

❶ 頭のベースを作る ... p.40
p.40を参考に、骨格ワイヤーとアクレーヌ9gで作る。

❷ ボディのベースを作る ... p.41
p.41を参考に骨格モールとアクレーヌ40gで作る。

❸ 頭とボディをつなぎ、顔を作る ... p.31〜33
頭とボディをつなぐ（p.44）。グラスアイで目をつけ、耳を作って頭に刺しつける。鼻を作り、鼻の下の植毛の後に刺しつける。　使用羊毛参照

❹ 顔を植毛する ... p.34〜36
植毛用の羊毛で顔を植毛する。アイラインを入れ、まつ毛をつける。鼻と口のラインを入れる。　使用羊毛参照

❺ ボディを植毛する ... p.45〜46
植毛用の羊毛でボディを植毛する。おなかと足裏はソリッド (1) を刺しつける。　使用羊毛参照

❻ しっぽをつける ... p.46
p.46を参考に、骨格モールとアクレーヌ1gでベースを作り、植毛してからボディにつける。　使用羊毛参照

❼ ひげをつける ... p.46
テグスを片ほおに5本ずつつける。

❽ 毛並みを整える
コームでといて毛並みを整え、余分な毛はカットする。

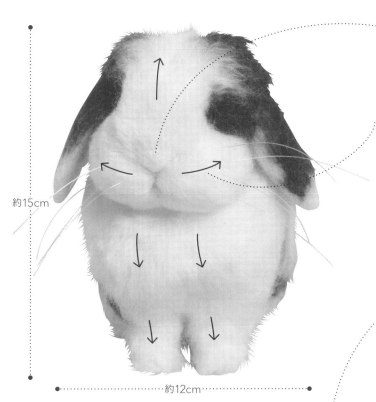

❸ 顔・鼻

使用羊毛 アクレーヌ(114)を鼻から口にかけて刺しつけ、植毛ストレート(551)を植毛する。フェルケット(304)を三角に刺し固め、植毛ストレート(551)で覆って刺し固める。

❹ 顔

使用羊毛 植毛(白)を全体に植毛する。目の周りは植毛(模様)の羊毛を植毛する。

植毛(模様)の羊毛は、ブロークンブラックは植毛ストレート(556)を、ブロークンオレンジはナチュラルブレンド(804)と植毛ストレート(553)を3：1の割合で混ぜたものを使う。

約15cm

約12cm

❸ 耳（外側）

使用羊毛
ブロークンブラックは、付け根側に植毛ストレート(556)を、耳先にソリッド(1)を刺しつける。
ブロークンオレンジは、全体に植毛(模様)の羊毛の2色を3：1の割合で混ぜたもの(A)を刺し、耳先にはAにソリッド(9)を少量混ぜたものを刺しつける。

❺ ボディ

使用羊毛 おなか以外は植毛(白)を全体にV字植毛し、背中から脇は植毛(白)をベースに、顔と同じ植毛(模様)の羊毛を植毛する。

約19cm

ブロークンオレンジの背中の模様。

❻ しっぽ

使用羊毛 表側は顔と同じ植毛(模様)で、裏側は植毛(白)で植毛する。

11 ネザーランドドワーフ（ブルーシルバーマーチン）... p.20

体を丸めてお昼寝中。目を閉じた表情に挑戦してみましょう。

材料

[羊毛等]
ベース ………………… アクレーヌ (111) 約42g
植毛（白） ……………… 植毛ストレート (551)
植毛（グレー） ………… 植毛ストレート (555) 16g、ナチュラルブレンド (805) 4g、ソリッド (30) 4g、植毛ストレート (556) 4g
耳（ベース） …………… アクレーヌ (114) 1g
耳（外側） ……………… 植毛（グレー）と同じ
耳（内側） ……………… ソリッド (1)
鼻と口元 ………………… アクレーヌ (114)、植毛ストレート (551)、フェルケットソリッド (304) 1cm角、ソリッド (1)、
　　　　　　　　　　　　植毛（グレー）と同じ
アイライン（ピンク）…… アクレーヌ (111) と (114) を同量で混色したもの
おなか、足裏 ………… ソリッド (1) 約5g

[毛糸]
目（ブラック） ………… エクシードウールL (305)、またはアクレーヌ (112) を細くよったものでも可
鼻と口のライン ……… エクシードウールL (336)

[その他]
骨格ワイヤー6cm、骨格モール4本、部分用つけまつ毛、テグス (2mm) 約50cm

作り方　レッスン2を参考に作る。

① 頭のベースを作る ... p.40
p.40を参考に、骨格ワイヤーとアクレーヌ5gで作る。

② ボディのベースを作る ... p.41
p.41を参考に骨格モールとアクレーヌ36gで作る。p.43の立ちのポーズを参考にし、さらに体を丸めて手足を好きな方向に向け、肉付けする。

③ 頭とボディをつなぎ、顔を作る ... p.31〜33
頭とボディをつなぐ (p.44)。耳を作って頭に刺しつける。鼻を作り、鼻の下の植毛の後に刺しつける。　使用羊毛参照

④ 顔を植毛する ... p.34〜36
植毛用の羊毛で顔を植毛する。目のラインとアイラインを入れ、まつ毛をつける。鼻と口のラインを入れる。　使用羊毛参照

⑤ ボディを植毛する ... p.45〜46
植毛用の羊毛でボディを植毛する。おなかと足裏はソリッド (1) で植毛する。　使用羊毛参照

⑥ しっぽをつける ... p.46
p.46を参考に、骨格モールとアクレーヌ0.5gでベースを作り、植毛してからボディにつける。　使用羊毛参照

⑦ ひげをつける ... p.46
テグスを片ほおに5本ずつつける。

⑧ 毛並みを整える
コームでといて毛並みを整え、余分な毛はカットする。

❹ 顔

使用羊毛 植毛（グレー）の羊毛を全体に植毛し、目の周りと耳の付け根、あご、口の下は植毛（白）を植毛する。

植毛（グレー）の羊毛は、植毛ストレート（555）、ナチュラルブレンド（805）、ソリッド（30）、植毛ストレート（556）を4：1：1：1の割合で混ぜる。

❹ 顔・目

エクシードウール（305）1本どり、またはアクレーヌ（112）を細くよったもので、目をつぶっているように三日月状に刺しつける。その周りに黒とピンクのアイラインを入れる。

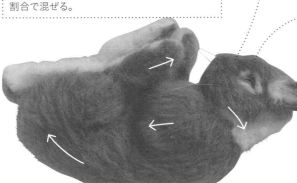

約11cm
約21cm

❸ 顔・鼻

使用羊毛 アクレーヌ（114）を鼻から口にかけて刺しつけ、植毛ストレート（551）を植毛する。フェルケット（304）を三角に刺し固め、ソリッド（1）と植毛（グレー）を同量で混ぜた羊毛で覆って刺し固める。

❺ ボディ・おなか、足裏

使用羊毛 ソリッド（1）で重ね植毛する。足裏は顔と同じ植毛（グレー）の羊毛を細くより合わせ、線を入れる。

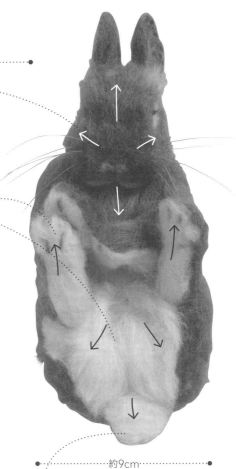

❺ ボディ

使用羊毛 顔と同じ植毛（グレー）の羊毛で全体にV字植毛する。首の後ろは三角模様に植毛（白）の羊毛を刺しつける。

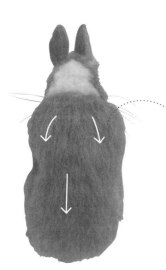

約9cm

❻ しっぽ

使用羊毛 しっぽの表側は顔と同じ植毛（グレー）で、裏側は植毛（白）で植毛する。

イングリッシュアンゴラ（ブルートート）... p.22

目が隠れてしまうほどのふさふさの毛が特徴的。耳の先にタッセルと呼ばれる飾り毛があります。
ベースはlesson2の香箱座りの応用で作れます。

材料

[羊毛等]
ベース ………………… アクレーヌ(101) 約43g
植毛（白）…………… 植毛ストレート(551) 約20g
植毛（グレー）……… 植毛ストレート(555) 約1g、ナチュラルブレンド(803) 約1g、ソリッド(30) 約1g
耳（ベース）………… アクレーヌ(114) 1g
耳（外側）…………… 植毛ストレート(551)、植毛ストレート(555)
耳（内側）…………… 植毛ストレート(555)、ソリッド(30)
鼻と口元 …………… アクレーヌ(114)、植毛ストレート(551)、フェルケットソリッド(304) 1cm角、ソリッド(1)、植毛グレーと同じ
アイライン（黒）…… アクレーヌ(112)
アイライン（ピンク）… アクレーヌ(111)と(114)を同量で混色したもの
底面 ………………… ソリッド(1) 約3g

[毛糸]
鼻と口のライン ……… エクシードウールL(336)

[その他]
グラスアイ（ブラック・8mm）2個

作り方　レッスン2の香箱座り（p.47）を参考に作る。

❶ 頭のベースを作る ... p.40
p.40を参考にアクレーヌ7gで作る。ただし、骨格ワイヤーは使わない。

❷ ボディのベースを作る ... p.48
p.48を参考にアクレーヌ25gで俵形（底は平ら）に刺し固め、背中に8g、お尻と両脇に3g肉付けする。

❸ 頭とボディをつなぎ、顔を作る ... p.31~33
頭とボディをつなぐ（p.48）。グラスアイで目をつけ、耳を作って頭に刺しつける。この作品の場合は、耳は内側から先に刺しつける。鼻を作り、鼻の下の植毛の後に刺しつける。
使用羊毛参照

❹ 顔を植毛する ... p.34~36
植毛用の羊毛で顔を長めに植毛する。鼻と口のラインを入れる。
使用羊毛参照

❺ ボディを植毛する ... p.48
p.48を参考に、底面をソリッド(1)で刺しつけてから、植毛（白）の羊毛でボディを長めに植毛する。

❻ 毛並みを整える
コームでといて毛並みを整え、余分な毛はカットする。

p.22のようにひげをつける場合は、p.46を参考に、テグスを片ほおに5本ずつつける。

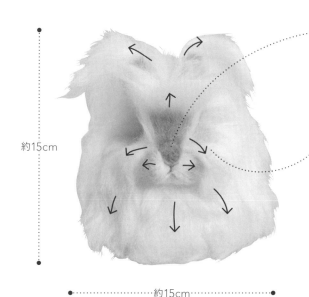

約15cm

約15cm

❸ 顔・鼻

使用羊毛 アクレーヌ(114)を鼻から口にかけて刺しつけ、植毛ストレート(551)を植毛する。フェルケット(304)を三角に刺し固め、ソリッド(1)で覆って刺し固め、顔と同じ植毛(グレー)を重ねて刺しつける。

❹ 顔

使用羊毛 植毛(白)の羊毛で主に植毛し、鼻周りは①、口周りと目の周りは②、おでこは③の羊毛を植毛する。

①植毛(グレー)の羊毛は、植毛ストレート(555)、ソリッド(30)、ナチュラルブレンド(803)を2:2:1の割合で混ぜる。
②①に植毛ストレート(551)を少し混ぜて淡くする。
③植毛(白)用の植毛ストレート(551)と植毛(グレー)用のナチュラルブレンド(803)を2:1の割合で混ぜる。

❸ 耳

使用羊毛 ①を耳の内側に刺しつけ、②を耳の外側に刺しつける。耳先に③を長めにV字植毛し、飾り毛を作る。

①内側は植毛ストレート(555)とソリッド(30)を同量で混ぜる。
②植毛ストレート(551)
③植毛ストレート(551)と(555)を同量ずつ混ぜる。

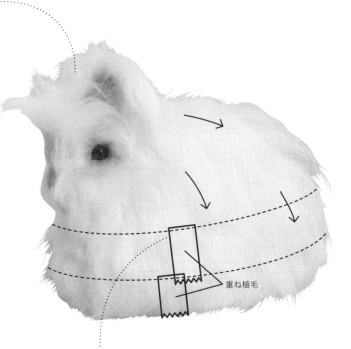

重ね植毛

約20cm

❺ ボディ

植毛(白)の羊毛で、ボディの周囲を重ね植毛を2段する。それ以外はV字植毛する。

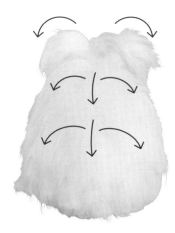

後ろから見て、耳の飾り毛が外側に向かって垂れているように整える。

79

畑牧子

横浜在住。人形劇を主宰する母の傍で幼い頃からハンドメイドに親しむ。短大で服飾を専攻し、洋裁をはじめシャドゥボックス、カルトナージュなどさまざまなクラフトを経験。うさぎを飼い始めたことをきっかけに羊毛フェルトでのうさぎ作りを開始。2008年より作品の展示販売、教室を開設。世界でひとつのうさぎ専門羊毛フェルト教室として、関東だけでなく全国各地、また海外からも生徒が通う人気教室に。個展、国内外でのワークショップの他、ペットへの"想い"を預かる本物にそっくりなオーダー制作も好評。NHK文化センター青山・梅田、横浜のアトリエChocolat Box®にて定期教室開催。
2018年、一般社団法人 日本うさぎ羊毛フェルト協会設立。

ホームページ	http://chocolatbox.net
ブログ	https://ameblo.jp/chocolatbox/
インスタグラム	instagram@chocolatbox

【材料協力】
ハマナカ株式会社

[京都本社]
〒616-8585　京都市右京区花園藪ノ下町2番地の3
☎075-463-5151　fax075-463-5159

[東京支社]
〒103-0007　東京都中央区日本橋浜町1丁目11番10号
☎03-3864-5151　fax03-3864-5150

ハマナカコーポレートサイト
http://www.hamanaka.co.jp
メールアドレス
info@hamanaka.co.jp

【staff】

写真	奥川純一
新装カバーデザイン	田山円佳 (STUDIO DUNK)
本文デザイン	原てるみ、坂本真理 (mill design studio)
編集	村松千絵 (クリーシー)
コーディネート	マツドアケミ (有限会社Blooming　雑貨の仕事塾®)
小物協力	AWABEES　☎03-5786-1600 UTSUWA　☎03-6447-0070

改訂新版
リアルかわいい羊毛フェルトのうさぎ

2016年10月30日　初版発行
2019年 8月20日　改訂新版初版印刷
2019年 8月30日　改訂新版初版発行

著者	Chocolat Box 畑牧子
発行者	小野寺優
発行所	株式会社河出書房新社 〒151-0051　東京都渋谷区千駄ヶ谷2-32-2 電話　03-3404-1201 (営業) 　　　03-3404-8611 (編集) http://www.kawade.co.jp/
印刷・製本	図書印刷株式会社

Printed in Japan
ISBN978-4-309-28744-7

落丁本・乱丁本はお取り替えいたします。
本書のコピー、スキャン、デジタル化等の無断複製は著作権法上での例外を除き禁じられています。本書を代行業者等の第三者に依頼してスキャンやデジタル化することは、いかなる場合も著作権法違反となります。

本書の内容に関するお問い合わせは、お手紙かメール (jitsuyou@kawade.co.jp) にて承ります。恐縮ですが、お電話でのお問い合わせはご遠慮くださいますようお願いいたします。

本書に掲載されている作品及びそのデザインの無断利用は、個人的に楽しむ場合を除き、禁じられています。本書の全部または一部 (掲載作品の画像やその作り方図等) をホームページに掲載したり、店頭、ネットショップ等で配布、販売したりすることは、ご遠慮ください。

※本書は小社2016年刊『リアルかわいい羊毛フェルトのうさぎ』を改訂し、新装したものです。